AZ ÚRIEMBER

visszatérése

AZ ÚRIEMBER

visszatérése

Tápláló kapcsolatok teremtése
a valódi önmagad felkarolása által

Dr. Dain Heer

Access Consciousness Publishing

Eredeti cím: ***Return of the Gentleman***

Access Consciousness Publishing
www.accessconsciousnesspublishing.com

Az úriember visszatérése

ISBN: 978-1-63493-537-1
Access Consciousness Publishing

Az érintettek személyes adatainak védelme érdekében a könyvben szereplő történetekben néhány név és részlet megváltoztatásra került. A könyv szerzője és kiadója nem állít vagy garantál semmilyen fizikai, mentális, érzelmi, spirituális vagy pénzügyi eredményt. A szerző által nyújtott minden termék, szolgáltatás és információ célja csupán az általános tájékoztatás és szórakoztatás. Az itt közölt információk semmi esetre sem arra hivatottak, hogy helyettesítsék az orvosi vagy más szakértői véleményt. Abban az esetben, ha használod a könyvben található információkat, a szerző és a kiadó nem vállalnak felelősséget a tetteidért.

Borítókép: Alannah Avelin
Angol nyelvről fordította: Zubreczki Anna, Papp-Pongrácz Rita és Valkusz Lili

TARTALOMJEGYZÉK

HÁLA

Ez a könyv nem az én könyvem. Ez a könyv megannyi úriember és hölgy teremtése, akik korábban az életem részei voltak, vagy még most is azok. Szeretném, ha tudnátok, hogy nagyon hálás vagyok az elképesztő hozzájárulásotokért.

Hadd kezdjem Gary Douglasszel, a legjobb barátommal és üzlettársammal, egy igazi úriemberrel, aki felfedezőtársam volt mindabban, amit ez a könyv lehetőségként kínál. Mr. Douglas, mindig is úriember voltál, és mindig is az leszel. Emelem kalapom a nagyszerűséged előtti tisztelgésem jeléül!

Emellett van néhány fantasztikus úriember az életemben, akiket megtisztelő módon barátaimnak nevezhetek. Hogy lettem ilyen szerencsés? Köszönöm, hogy vagytok! Néhányan közületek azon folyamat legbensőségesebb pillanatainak is részese volt, ami végül a könyv megszületéséhez vezetett. Liam Bramley, Brendon Watt, Connor Hill és Graeme Crosskill, rendkívül hálás vagyok a sebezhetőségetekért és a bátorságotokért, amivel alámerültetek velem ebben a témában, barátaim!

Továbbá ez a könyv soha nem jött volna létre a három fenomenális író nélkül, akik a szavaimat ilyen ragyogó formába öntötték. Köszönöm Katarina Wallentin, Teresa Stenson és Heather Nichols. Zseniálisak vagytok, hölgyeim!

Végül, de határozottan nem utolsósorban, köszönöm neked, te bátor és merész egyén, aki most kísérletet teszel az úriemberként létezés igazi lehetőségeinek felfedezésére. Mi, együtt vagyunk a változás és az ajándék, amire ennek a világnak szüksége van.

A TE MEGHÍVÓD

Igen, meg vagy hívva. Bármilyen úton-módon is jutottál oda, hogy ebben a pillanatban, ezen az oldalon épp ezeket a szavakat olvasod, nagyon örülök, hogy itt vagy.

Sőt, megkockáztatom: *szerintem azért olvasod ezt, mert valahol a lelked mélyén tudod, hogy van valami más számodra.*

Lehet, hogy kerested már egy ideje ezt a könyvet. Lehet, hogy kutatod már egy ideje (vagy hosszú ideje) azt, hogy hogyan legyél férfi ebben a valóságban, és lehet, hogy feszült és ingerült vagy, mert a legtöbb anyag, amivel találkoztál, nem volt az igazi, és az azokban található elképzelések és a megközelítés nem szólított meg. Téged nem az érdekel, hogy domináld a nőket, vagy a férfiakat vagy a bolygót. A YouTube oktatóvideók arról, hogy hogyan érd el, hogy a nők szexeljenek veled, közelében sincsenek annak, amit te keresel. A „Me-Too" kampány, ami 2018 elején kezdődött, csak felerősíti az ezen a területen kialakult totális elmebajt, mind a nőkben, mind a férfiakban.

Rendben, – lehet, hogy nőkkel akarsz szexuális kapcsolatot, lehet, hogy férfiakkal – bármi is legyen a preferenciád, a szex(uálisság) mindenképpen része az úriemberként létezésnek. Ez a téma biztosan előkerül majd a könyvben, de nem ez a kiindulási pont, és komolyan, egyáltalán nem ez a végső cél.

És azt hiszem, hogy valahol a lelked mélyén érzékeled, hogy az értékedet férfiként nem az határozza meg, hogy hány embernél éred el, hogy lefeküdjön veled. Ez rímel rád?

Barátom, kereső vagy (avagy „ló" típusú személy, másnéven egy humanoid – de erről majd később), és nagyon is jó helyen jársz.

Képzeld el ezt

Képzeld el, hogy holnap felkelsz, belenézel a tükörbe, és kedveled a férfit, aki visszanéz rád. Teljes szívedből kedveled az egész lényedet. Semmi kisebbrendűségi érzés nincs benned.

Értékeled magad. Tiszteletben tartod magad. Bízol magadban. Hálás vagy magadért: a nagyszerűségért, ami vagy, csupán azáltal, hogy önmagadként létezel.

Érezd. Érezd, ahogy annak a terhe, hogy állandóan mások kedvére teszel, lekerül a válladról. Érezd, ahogy a *kéne* és *kellene* minden formája elhagy téged. Érezd önmagad egyszerűségét és könnyedségét mindezek nélkül.

A létezés ezen új és könnyű módján többé nem kell levágnod részeket önmagadból csak azért, hogy beilleszkedj. Többé nem kell egy szerepet játszanod annak kétségbeesett reményében, hogy azok, akikhez vonzódsz, vágyni fognak rád.

Többé nem kell az embereket, beleértve a többi srácot is, karnyújtásnyi távolságban tartanod ahhoz, hogy macsónak tűnj, vagy azért, hogy megtartsd az erőd egy részét.

Többé nem élsz ítélkezésben – senkivel szemben, és főként nem azzal a fickóval, aki visszanéz rád a tükörből. Elég klassznak hangzik, ugye? És elég távolinak, önzőnek és lehetetlennek.

Rendben van, ha kételkedsz. Még mindig itt vagy. Még mindig választod, hogy olvasod. Ez az egész folyamat egy választással kezdődik. Amikor hajlandó vagy valami mást választani, akkor ezernyi ajtó nyílik meg előtted. Ez ennyire egyszerű és gyönyörű.

Íme tehát a kérdés: Hajlandó vagy kinyitni az első ajtót, és tenni egy lépést az ismeretlenbe? Várjunk csak – tényleg az ismeretlenbe lépünk bele, vagy lehet, hogy a már ismertbe?

Mi végül is most *visszatérünk* az úriemberként létezésbe. Szeretem magunkat reneszánsz férfiakként elképzelni. A valódi önmagunk helyreállítása, újbóli felfedezése és újragondolása olyan, mint a rég elfeledett, gyönyörű, pompás műtárgyak helyreállítása és újbóli felfedezése, melyek mindig is elérhetőek voltak. Bármilyen félreazonosításokban és félrealkalmazásokban voltunk eddig elveszve, csupán lerázzuk azokat, és újra kiengedjük magunkat a fényre.

Arra invitállak, hogy ezt felismerd. Arra invitállak, hogy ezt válaszd.

Arra invitállak, hogy állj mellém, és keljünk át ezen az ajtón együtt, könnyedségben, örömben és ragyogásban – és egy igazi úriember eleganciájával.

Nagyon hálás vagyok azért, hogy itt vagy!

Nem csak fiúknak

Miközben igaz, hogy ez a könyv *Az úriember visszatérése* címet viseli, és miközben igaz, hogy a férfi keresőknek írom mindezeket, egyáltalán nem akarok kizárni egy női olvasót sem. A kizárás elkülönülést teremt, és ez az ellenkezője annak, amiről ez a könyv szól.

Amikor elkezdtem az úriemberként létezés kérdéseiről beszélni egy videósorozatomban a YouTube-on, akkor engem is megleptek és izgatottá tettek a visszajelzések, amelyeket nem csak más férfiaktól, hanem női nézőktől is kaptam. Kiderült, hogy tényleg kaptak valamit attól, hogy megnézték ezeket a videókat, és meghallgatták a beszélgetéseinket. Még olyan nőkről is hallottam, akik nem látták a videókat, de a partnerük igen – és ennek eredményeként nagyszerű, pozitív változások történtek a kapcsolatukban.

Tehát kérlek, ha nem férfiként azonosítod magad, de érdekel az, hogy jelenleg vajon mi zajlik az életedben lévő férfiakban, akkor csatlakozz hozzánk, és fedezd fel velünk. Nincs semmi vesztenivalód, és az biztos, hogy mélyebb megértésre teszel majd szert a partnereddel, a szeretőddel, a fiaddal, az öcséddel/bátyáddal, az apáddal vagy a barátoddal kapcsolatban. Lehet, hogy még hozzá is tudsz járulni az életükhöz azáltal, hogy megosztod velük ezeket az elképzeléseket – vagy még jobb – kölcsönadod nekik ezt a könyvet, alkalmat adva nekik arra, hogy saját maguk fedezzék fel ezeket az elképzeléseket és lehetőségeket.

A befogadás és másság szellemében ez a könyv nem csak azokhoz a férfiakhoz szól, akik nőkkel szeretnének szexelni. Az úriemberként létezés egy része arról szól, hogy szexuálisak vagyunk, és az ebben a könyvben található iránymutatás minden (beleegyezéssel történő és legális) szexuális kapcsolatot támogat, amit választasz, és amiben vagy. Ha úgy látod, hogy az általam használt gender specifikus nyelvezet nem illik a te helyzetedre, kérlek, tudd, hogy csupán a tömörség okán fogalmazok így, és hogy itt *minden preferenciát* tiszteletben tartunk.

A férfi lét igazsága

Ha mást nem is ad neked ez a könyv, kérlek, engedd be ezt az egy lehetőséget: *Ha valami igaz, attól könnyedebben érzed magad. Ha valami hazugság, attól mindig nehezebbnek érzed magad.*

Néhány perccel ezelőtt megkértelek, hogy képzeld el magadat, amint a tükörbe nézel, és kedveled az előtted lévő férfit. Arra kértelek, hogy képzeld el, hogy elengeded az összes gondolatodat arról, hogy mit *kéne* tenned férfiként, hogyan *kéne* viselkedned, kinek *kellene* lenned más emberek szerint. Mindezt elengedted, és könnyedebben érezted magad, mert ez igaz volt számodra, neked *megfelelő* volt. És azt választottad, hogy tovább olvasol.

Ezt tudd: az ösztönöd egyből jelzi, hogy mi a megfelelő számodra. Ez csupán ki lett nevelve, ki lett kondicionálva belőlünk. Akár észreveszed, akár nem, nagyon régen eldöntötted, hogy bizonyos dolgok megfelelőek számodra, míg más dolgok nem, és soha nem jutott eszedbe megállni és megkérdezni, hogy honnan jönnek ezek az elképzelések, és hogy kihez tartoznak. Az ebben az állapotban való létezés – ami lényegében egy robotpilóta üzemmód – eredménye nem más, mint... még több önkorlátozás.

Szóval arra invitállak, hogy ezt a pofonegyszerű eszközt add hozzá az úriember eszköztáradhoz: **Könnyű vagy nehéz?**

Használd akkor, amikor itt a könyvben bemutatok neked egy elképzelést. Főleg, ha egy olyat látsz, ami megszólít téged, vagy egy olyat, ami érzéseket kavar fel benned. Ez könnyű vagy nehéz? Ez egy csodálatos és dinamikus – és rövidebb – út annak a tudásához, hogy az adott elképzelés igaz-e számodra.

Ha egészen idáig eljutottál, akkor valószínűleg ló vagy

Azt már megállapítottuk, hogy kereső vagy. Keresed, mi van még. És habár semmi esetre sem vagy egyedül ezzel barátom, valószínűleg már megfogant benned az az érzés, hogy nem mindenki olyan, mint te. Már valószínűleg érzékeled, hogy kicsit különbözöl néhány, az életedben lévő embertől, legyenek azok az életed közvetlen részei, mint például a barátok és a család, vagy pedig azok az emberek, akiket a TV-ben, vitaműsorokban, újságokban vagy a közösségi médiában kapsz el egy-egy pillanatra, miközben épp a véleményüket osztják meg. És ugyan megannyi ember van a Földön, és bár a másság valami olyan, amit ünnepelni kéne, álljon itt egy hasonlat az állatvilágból, hogy segítsen neked megérteni, ki is vagy és miért is vagy (és hogy miért is érzed magad annyira másnak).

Ők, a többiek – akik lehet (vagy úgy tűnnek), hogy boldogan álldogálnak egy helyben, és elfogadnak mindent, amit mondanak nekik, akik egyfajta passzív állapotban élnek, ugyanazt a csontot rágcsálva, várva a végzetüket, olyanok, mint a tehenek.

Te, a kalandvágyaddal, a kíváncsi elméddel és a kapacitásoddal a változásra sokkal inkább egy lóra hasonlítasz. Két külön faj, ugyanazon a bolygón élnek, mindegyik a maga módján.

Nem szeretnék azonban a hozzád és hozzám hasonló emberekre folyamatosan lóként utalni (mondjuk a magam részéről amúgy semmi kifogásom nem lenne ez ellen sem), és nem akarom azokat az embereket, akik nem olyanok, mint mi, tehénnek címkézni. Ez mindössze egy egyszerű módja annak, hogy bemutassam azokat a különbségeket, amiket lehet, hogy tapasztaltál már, de nem igazán tudtad, hogyan fogalmazzad meg.

Használjunk két kifejezést. Ha úgy érzed, hogy azzal tudsz kapcsolódni, ahogyan leírtam a lovak tulajdonságait, akkor mondhatod azt, hogy hozzám hasonlóan humanoid vagy.

És mindenki más, aki elégedett a status quóval, aki boldogan marad ott, ahol van, maradhat továbbra is egyszerűen ember.

Melyik vagy te? Készen állsz megváltoztatni a status quót azzal kapcsolatban, hogy mit jelent férfinek lenni? *Ha igen, gyerünk!*

Első rész

A BENNED LÉVŐ ÚRIEMBER MEGTALÁLÁSA

ELSŐ FEJEZET

MI AZ ÚRIEMBER?

Amit most készülök itt elmondani neked, az talán meglepő lesz számodra, sőt, talán még csalódást is okoz. Lehet, azt gondolod majd, hogy ez ellene megy annak, amit zsigerből mondanál, hogy ez nevetséges, felháborító, és annyira aljas, hogy azonnal vissza akarod kapni a pénzedet.

Akkor hát elmondom: *Habár ez a könyv az úriemberként létezésről szól, nem fogom definiálni neked azt, hogy ki is egy úriember.* Nincs Dain Heer specifikus módja az úriemberként létezésnek.

Az túlzottan statikus, túlzottan mindent eldöntő, túlzottan előre megírt lenne. Ahogy már azt sokszor elmondtam az összes könyvemben és a legtöbb online anyagomban (és a tanfolyamaimon és néhány beszélgetés során…), nincsenek válaszaim számodra, barátom – csak kérdéseim. Soha nem fogom neked megmondani, hogy mit csinálj, és soha nem fogok semmit sem megkövetelni tőled.

Egyszerűen csak arra invitállak, hogy velem együtt felfedezd ezt a területet. A felfedezéshez pedig arra van szükség, hogy eltávolodjunk a fekete és a fehér, a jó és a rossz, a helyes és helytelen gondolkodásmódtól.

A könyv egyik lényeges eleme, valamint az a lépés, amit az igazi úriemberré váláshoz vezető úton meg kell tenned aköré összpontosul, hogy lebontsuk és ledöntsük azokat a szerepeket, amikről azt érezzük, hogy férfiként el kell játszanunk, szóval tényleg nem egy újabb módját fogom előírni annak, miként létezz. Ehelyett szeretnék olyan lehetőségeket bemutatni neked, amelyek eljuttatnak arra a helyre, ahol önmagad legnagyszerűbb verziója tudsz lenni férfiként – akárhogyan is néz ez ki számodra.

Tulajdonképpen, ha egy mondatban össze kéne foglalnom, hogy mit jelent úriembernek lenni, ez a mondat állna hozzá a legközelebb.

Hadd mondjam el még egyszer: *Igazi úriembernek lenni arról szól, hogy a legnagyszerűbb vagy, ami lenni tudsz férfiként – akárhogyan is néz ez ki számodra.*

Miért szükséges erről beszélnünk?

Számos oka van annak, amiért úgy hiszem, hogy ez a beszélgetés itt és most létfontosságú.

Először is ott van a tény, hogy mindennek egy kedves barátommal való beszélgetés vetette el a magját, ami aztán egy videósorozattá nőtte ki magát a YouTube-on, ami cserébe nagyon sok fickót szólított meg, és nagyon sok kérdést és hozzájárulást nyitott ki a férfiakban a világ minden táján. A férfiak meghallgatták, beszélgettek egymással, és reagáltak. Azt mondták: *Igen!* És ahogy azt egy pár oldallal ezelőtt említettem, a partnereik is.

Beszéljünk egy kicsit többet arról a magról, amit az a kedves barát, a 23 éves Liam ültetett el. Ő és én épp annak a különböző aspektusairól beszélgettünk, hogy mit is jelent férfinak lenni. *Egy férfi lehet kedves és közben erőteljes is? Egy férfi lehet sebezhető és közben szexuális is?*

Mellesleg ez a fajta beszélgetés – nyitott, őszinte és támogató – pontosan az a fajta beszélgetés, amire a férfiaknak képesnek kellene lenniük egymással, és ez az egyik dolog, amire később majd rá fogunk térni a könyvben.

Szóval ott voltunk mi, és ott volt Liam, ott állt előttem, és épp arról beszélt, hogy az, ahogyan mi most így beszélgetünk, erről a témáról, milyen nagy dolog számára. Egy olyan témát fedtünk le és fedeztünk fel, amiről azt megelőzően nehezen talált jó, hasznos, hiteles információt.

Átfésülte a YouTube-ot. A Google-ön minden létező variációban rákeresett a *Hogyan legyél férfi* kifejezésre, átvergődött minden cikken és útmutatón és véleményen, ami szembejött. Nem látta tisztábban a dolgokat, és nem jutott közelebb ahhoz, hogy tudja, hogyan éljen akként a férfiként, aki lenni akart ebben a világban.

Liam számára azok a források hiányoztak igazán, amelyek egy olyan lehetőségről beszélnek, ahol a férfiként létezés azt jelenti, hogy az ember lehet tisztességes, kedves és törődő, *és emellett* potens és szexuális.

Minden, amit ez a fiatal kereső talált az *vagy/vagy* volt:

__Vagy__ alfahím lehetsz, __vagy__ lehetsz lábtörlő.

Dominálhatod a nőt, vagy ő dominálhat téged.

A kettő között semmi. Semmi szürke zóna. Semmi hely egy másfajta lehetőség számára.

És – döntően – majdnem az összes ilyen forrás aköré összpontosult, hogy elérjük, hogy a nők kedveljenek minket, vagy hogy beleegyezzenek egy együtt töltött éjszakába. Mintha ez lenne minden. Mintha ezzel tudnánk valaki értékét mérni.

Tehát ott, abban a pillanatban, azon beszélgetés során Liam felismerte, hogy ez nem egy vagy/vagy dolog. Ő lehet kedves és erős, sebezhető és szexuális, tápláló és erőteljes.

Lehet mindezen dolgok összessége, és még annyival több. Én pedig azt gondoltam: *„Nos, ha ez a kíváncsi és briliáns fiatalember nem tudta meglelni a neki szükséges iránymutatást ebben a témában, akkor létre kell hoznunk egy platformot, hogy beszélgessünk erről."*

Tehát elindítottam egy beszélgetés és kérdés-válasz sorozatot a YouTube-on, és *Az úriember visszatérése* nevet adtam neki. A férfiak és a nők, mint már említettem, válaszoltak, ezáltal pedig gyökeret eresztett ennek a könyvnek a magja.

Ha az erdőben kidől egy fa…

Egy másik nagy bizonyíték, ami arra mutat, hogy ez a beszélgetés milyen fontos,abból adódik, hogy ha az ember történetesen nőként azonosítja magát ebben a világban, és történetesen tudni szeretné, hogy miként éljen az erejében (és miért ne tenné?!), akkor tengernyi anyag érhető el számára. Csodás hangok tömkelege szól a női keresőkhöz arról a nagyszerűségről, amik ők.

Ezt imádom és támogatom, és nagyon boldog vagyok, hogy ezek a hangok itt vannak, és hogy figyelnek rájuk. Örülök, hogy ez így van.

De hol vannak az ugyanilyen módon hiteles és megerősítő hangok erről az üzenetről szólva a férfiak számára? Nos, azt már megállapítottuk, hogy őket teljesen elnyomják azok a hangok, akik azt kiabálják, hogy: **„Az igazi férfi létezésének lényege az, hogy ágyba viszi a nőket!”**

És mi az eredménye ennek a felborult egyensúlynak? Mi van, ha Liamhoz vagy hozzám hasonlóan, és más humanoid férfiak millióihoz hasonlóan annak, hogy hány emberrel feküdtél le, semmi köze sincs a saját értékedhez? Mi van, ha *te* vagy az értékes termék?

Ha férfi vagy, akkor jó eséllyel érzed azt, hogy nem vagy elég. Nagyon sokak (férfiak *és* nők) számára a férfiak *kevesebbek*; rosszak azért, mert többet akarnak, rosszak azért, mert valami mást akarnak, meg amúgy is, egyszerűen csak rosszak!

Szóval egy kicsit kisebbé tesszük magunkat. Mert nem akarunk az a fickó lenni – az az undorító fickó, aki elveszi azt, amit akar, attól, akitől akarja. Mi tisztelni, táplálni és szeretni akarjuk az életünkben lévő nőt.

De itt egy kicsit összezavarodunk. Azt gondoljuk, hogy ahhoz, hogy tiszteletben tartsunk egy nőt, ahhoz kevesebbnek kell lennünk, mint ő. Azt gondoljuk, hogy nekünk kell lennünk a rossznak, a hibásnak, hogy neki igaza lehessen.

Amikor így nézed ezt – látod, hogy ez mennyire elcseszett? Kérdezd meg magadtól: **Ha az erdőben kidől egy fa, és senki sincs ott, akkor is a férfi a hibás?**

Persze ez egy vicc (vagy egy filozófiai kérdés, attól függ, honnan nézzük), de erre tényleg felfigyeltem, és sok más fickó is, akikkel erről eddig beszéltem, mert hajlamosak lehetünk férfiként azt érezni, hogy állandóan rosszak, hibásak vagyunk.

Nagyon szeretném mindannyiunkat kiszabadítani ebből, hogy a valódi, hiteles önmagunk lehessünk, mert amikor az a fickó vagy, aki teljesen a saját erejében áll – akkor nincsen szégyen, nincsen rosszaság, nincsen kevesebb-vagyok. Nem kell elnézést kérned csupán azért, mert létezel.

Elkülönülés önmagadtól

Látod, hogy ez a *vagy/vagy* látásmód arról, hogy mi lehet egy férfi, miként vitt teljesen tévútra és terelt el teljesen attól, hogy akként a nagyszerűségként létezz, ami vagy? Végtére is nem csupán az igazi önmagadtól különítettek el, hanem a többiektől is – mind a nőktől, mind a férfiaktól.

A humanoid nőknek szóló irodalom nagy része a nőiességük és a női erejük megköveteléséről szól, míg a férfiaknak szóló (hogyan-szerezz-nőket) üzenetek szemlátomást valami olyan elképzelésről beszélnek, hogy mit jelent férfiasnak lenni. Bármennyire félresikerült is legyen az.

És az egész „maszkulin kontra feminin tulajdonságok" ilyen módon való címkézése igazából csak elkülönülést eredményez.

Mi lenne, ha minden lehetnél? Mi lenne, ha rendelkeznél az úgynevezett maszkulin erővel, hogy amikor kell, nevén nevezd a hülyeséget, de aztán egy hagyományosan femininnek tekintett dolog lehetővé tenné számodra, hogy elengedd azt? Nem válik harccá, küzdelemmé, mindenekelőtt pedig megvan az erőd ahhoz, hogy kimondd. És ez még csak nem is bátorság, hanem pusztán te, önmagadként létezve.

Ez az, ahova szeretném, ha eljutnánk. Ahol a sebezhetőséged igenis a potenciálod, és rendelkezel annak az örömével, hogy minden vagy, ami te, igazi úriemberként vagy.

Honnan térünk vissza?

Emlékszel, a könyv meghívójában azt mondtam, hogy olyanok vagyunk, mint a reneszánsz emberek, felfedve azt, akik igazából vagyunk? A trutyi rétegeit szedjük le az igazi önmagunkról. Arról az úriemberről, akik vagyunk és lehetünk.

Tehát: hol voltál eddig? Eddig el voltál temetve a szerepek által, amiket a tőled elvártak szerint játszottál, eltemetve a mindezek eredményeként létrejövő elkülönülés által, a másságod által, ami vagy, és a rosszaság által, amit minden miatt érzel, és azáltal, ahogyan eddig elnyomtad azt, ami igaz, miközben valahol TUDOD, hogy többnek kell lennie számodra a világban.

Nos, készen állsz valami másra? Itt az idő, hogy önmagad legyél, bármi is történjék? Van kedved köszönteni az új önmagadat – a briliáns, egyedi, elegáns és potens úriembert, aki valójában vagy?

Merre tartunk?

Tehát most, hogy már súroltuk annak a felszínét, ahol eddig voltál és hogy mi juttatott oda, hadd mondjam el, hogy hova szeretném, ha eljutnánk ezzel a beszélgetéssel, és azzal, hogy ezt a könyvet olvasod.

Ha egy dolgot választhatnék neked, hogy ebből a beszélgetésből befogadj, az a következő lenne. (És egyszer már kértelek arra, hogy ezt elképzeld, és lehet, hogy már belepillantottál ennek lehetőségébe, de akkor álljon itt még egyszer.)

Nagyon örülnék, ha képes lennél belenézni a tükörbe, és tényleg kedvelni a férfit, aki visszanéz rád.

Rendben, a „tényleg kedvelnéd" nem hangzik elég egyértelműen. Bontsuk ki. Az, hogy igazán kedveled magad akkor történik meg, amikor nincs benned szégyen és nem érzed szükségét annak, hogy elnézést kérj azért, aki vagy. Önmagad tiszteletben tartásából és értékeléséből jön. Abból a térből való létezésből jön, ahol nulla ítélet van. Abból jön, hogy megengeded magadnak, hogy önmagad legjobbja legyél.

És az elképesztő dolog az, hogy amint eléred ezt a pontot saját magadban, mindenféle fenomenális dolog történik a másokkal való kapcsolataidban. Ehhez kapcsolódik a következő dolog, amit kívánok számodra:

Nagyon örülnék, ha lebontanád az elkülönülést, amit eddig másokkal tapasztaltál – férfiakkal és nőkkel –, és az egység állapotában élnél, nem csak saját magaddal, de a körülötted lévőkkel is.

Nos, ez egy elég nagy kérésnek tűnhet. Lehet, hogy túl távolinak hangzik. Lehet, hogy van benned egy kis ellenállás ezzel a kijelentéssel kapcsolatban – és lehet, hogy ez az „egység" szó miatt van.

De tényleg, amikor ezt mondom, az arról szól, hogy eljuttassuk magunkat egy olyan helyre, ahol könnyedséggel tudunk egymás mellett állni – és főleg oda, ahol mi, férfiakként tudunk más férfiak mellett állni – mert annyi elkülönülést és versengést látok a férfiak között, és nagyon szeretném eljuttatni magunkat egy olyan helyre, ahol támogatóak és hálásak tudunk lenni egymással és egymásnak.

És így, önmagad értékelésének és kedvelésének következményeként mások is értékelnek és kedvelnek téged. Amikor értékeled saját magad, akkor az elkülönülés leomlik, a falak ledőlnek, és a legcsodálatosabb kapcsolódásokban lehet részünk a világ többi részével.

Hogyan jutottam el ide?

Abban a beszélgetésben Liammel, amely ezt az egész párbeszédet elindította, azt mondta nekem, hogy az ő nézőpontjából én egy igazi úriember vagyok. Valahogyan, csupán azáltal, hogy önmagamként létezem, megmutattam neki, hogy miként tudna férfiként létezni ebben a világban. Ez meglepetésként ért – persze kellemes meglepetésként –, mert ez egyszerűen nem valami olyan volt, amin azt megelőzően túl sokat tűnődtem volna.

Nem tekintem magamat semmiféle példaképnek vagy gurunak, csupán a megosztás jegyében szeretném elmesélni neked, hogy én hogyan jutottam el oda, ahol most vagyok, egy olyan helyre, ahol elmondhatom, hogy amikor tükörbe nézek, akkor tényleg kedvelem a férfit, aki visszanéz rám.

Semmi esetre sem vagyok tökéletes, és el kell mondjam, hogy hosszú út vezetett idáig. Nem jött könnyen, és sok szempontból még mindig zajlik az átalakulás, de lássuk be, ez mindannyiunkkal így van, és ennek örülnünk kell. Mi van, ha nincs végállomás, csak az élés és az önmagadként létezés kalandja, itt és most?

Hadd meséljek neked egy kicsit arról, hogy én hogyan jutottam el oda, ahol most vagyok. Gyerekkoromtól kezdve az összes üzenet, amit kaptam, minden kétséget kizáróan arról szólt, hogy a férfiak rosszak, a nők jók. A férfiak tévednek, a nőknek igazuk van. A férfi semmi, a nő minden.

Ezek az üzenetek annyira kicsi koromtól kezdve voltak hatással rám és vésődtek belém, hogy NAGYON SOK szégyent vittem magammal tovább a felnőtt életembe mindössze azért, mert férfi vagyok.

Az egyetlen módja annak, hogy ellensúlyozzam ezt a szégyent, az egyetlen módja annak, hogy kiengeszteljem a világot, és enyhítsem a szenvedés egy részét, amit a nemem miatt a nők a történelem során elszenvedtek az volt, hogy emeltem a nőket, mindent megtettem, hogy a boldogságukat biztosítsam és a szükségleteiket a sajátjaim elé és fölé helyezve kielégítsem.

Ez egészen addig így ment, amíg rá nem találtam az Access Consciousnessre, és meg nem ismertem Gary Douglast, és ráébredtem, hogy mennyire eltorzult látásmóddal rendelkezem, és hogy igenis el kell kezdenem tiszteletben tartani önmagam, és csak utána tudok majd valódi, autentikus és jelentéssel teli kapcsolatokat kialakítani másokkal.

Olyan sok részt kellett levágnom magamból, hogy az életemben lévő nők kedvére tegyek, hogy nagyrészt inkább csak porhüvelye voltam annak, ami igazából lehettem volna. Fel kellett tennem magamnak a kérdést: *Mi tenne engem boldoggá? Hogyan tudom értékelni magam?* Ez egy folyamatos keresés kezdete volt, és önmagam valódi megkedvelésének kiindulópontja.

Mostanra nagy örömmel mondhatom el, hogy minden nap egyre inkább „önmagam" vagyok, és fantasztikus kapcsolataim vannak, barátságok és kapcsolódások emberek, férfiak és nők sokaságával, és ami a legfontosabb, a tükörből visszanéző férfival.

Itt tartasz most

Férfitársadként melletted állok, és azt mondom: *Itt tartunk most férfiakként ebben a valóságban – és ezért. És előttünk áll egy ajtó, és ezen az ajtón túl a létezésünk egy új útja található.*

Ha úgy döntesz, hogy kinyitod velem ezt az ajtót, és benézel, hogy mi van ott, az nagyszerű. És ha úgy döntesz, hogy – bármilyen oknál fogva – nem lépsz be, az is rendben van. Ezért nem jár ítélet, soha, de soha.

Lehet, hogy ezen új módjai annak, ahogyan magadat látod a világban, nem neked valók, vagy *még* nem neked valók. Lehet, úgy alakul majd, hogy valamikor a jövőben visszatérsz ehhez a könyvhöz, vagy elképzelhető, hogy örökre leteszed – ez a te döntésed.

Vagy íme egy harmadik opció: lehet, hogy az itt található dolgok *egy része* szól neked. Nem az egész, csak egy része. Lehet, azt veszed majd észre, hogy néhány elképzelést könnyed érzet kísér. Ilyenkor, ahogy javasoltam, megkérdezheted magadtól: ez nekem könnyű vagy nehéz?

Te vagy az, aki megválasztja, mi működik. Ez mennyire király már?! Mennyire megerősítő? És mennyire *könnyű*? Készen állsz egy kalandra?

MÁSODIK FEJEZET

ELŐ AZ ÁLLÍTÓLAGOS FÉRFIVAL

Van egy kérdésem hozzád. (Igazából nagyon sok kérdésem van számodra. Ez a könyv, vállalom, csordultig tele van velük.) Na, de térjünk is a tárgyra: **Mi van, ha a legnagyobb akadály, ami visszatart téged attól, hogy az a nagyszerűség legyél, ami vagy nem más, mint a tény, hogy úgy teszel, mintha valaki olyan lennél, aki nem vagy?**

Csak egy pillanatra tűnődj el ezen. Milyen érzés? Könnyű vagy nehéz? Milyen érzés annak a gondolata és eshetősége, hogy színlelsz, avagy egy szerepet játszol az életedben ahelyett, hogy önmagadként élnél? Előfordulhat?

Erről most ennyit. Nem kell sokat várnod, és hamarosan újra visszatérünk erre a kérdésre.

Elengedés

Az utazásunk ezen első részében arra szeretnélek buzdítani, hogy megvizsgáld a szerepek játszása körüli elképzeléseket, és azt, hogy férfiként hogyan érezheted úgy, hogy színlelned kell, szerepet kell játszanod, vagy valaki másnak kell lenned – csupán azért, hogy megfelelj a kívülről jövő elvárásoknak (és talán néhány belülről jövőnek is).

Ha azt választod, hogy csatlakozol hozzám, akkor szeretném, ha eljutnál arra a pontra, ahol be tudod azonosítani, hogy épp egy szerepet játszol-e az életedben lévő kapcsolataid bármelyikében, és arra invitálni, hogy lásd, bizonyos szerepek eljátszása hogyan akadályozhatja a kapacitásodat arra, hogy ÖNMAGAD legyél.

Amikor éber vagy a téged visszahúzó szerepekre, akkor tudsz mást választani. Amikor a téged visszahúzó szerepeken túl választasz, akkor elkezdesz igazi úriemberként létezni a világban.

Kellene és kéne

Van két kifejezés, amelyeknek jó hasznát veheted, hogy segítsenek neked beazonosítani, hogy szerepet játszol-e, vagy önmagadként létezel.

Engedd meg, hogy bemutassalak titeket egymásnak: ő itt **kellene**, és a legjobb barátja, **kéne**. Gondolj bele... Milyen gyakran használod ezeket a szavakat? *Ezt kellene tennem. Azt kéne tennem.*

Ezek a kifejezések bármennyire is könnyed érzetet teremtenek a világodban? Vagy inkább a kötelezettség érzetét hozzák létre? Amikor abból működsz, amit szerinted (vagy az életedben lévő emberek szerint) tenned „kellene" – vagy tenned „kéne" – akkor mennyi szabadságod van?

Mi van, ha egy igazi úriember bármilyen szerepet eljátszhat és bármi lehet, de a saját választásából, és annak az érzetéből, hogy az valami nagyszerűbbet fog teremteni, nem pedig elvárásból és kötelességből?

Amikor a saját és az életedben lévő többi ember elvárásai szerint jelensz meg a világban, akkor lábtörlő vagy egy igazi úriember helyett.

Lényegét tekintve egy nagyon kicsi dobozban tartod magad.

Köszöntsd a választást és a teret

Amikor az összes olyan szerepből működsz, amiket szerinted el kellene játszanod másoknak ahhoz, hogy „jó" társ, szülő, alkalmazott vagy férfi legyél a világban, akkor elveszíted az igazi úriemberként való létezés egyik legalapvetőbb aspektusát: a kérdést és választást.

Mi lenne, ha elkezdenéd feltenni a következő három kérdést… nos… MINDENNEL KAPCSOLATBAN?

Mi teremtené itt a legtöbbet?

Mit szeretnék én teremteni?

Egy igazi úriember mit választana itt, hogy legyen és tegyen?

Ha azt hiszed, hogy nincs meg a választásod, hogy az általad játszott szerepeken kívül bármi legyél, akkor nincs tered ahhoz, hogy az a nagyszerűség legyél, aki vagy.

Ha csapdában tart más emberek elvárásainak (vagy a saját elvárásaidnak) doboza, akkor nincs tered ahhoz, hogy az a nagyszerűség legyél, aki vagy.

Mi van, ha az úriemberként létezés nem arról szól, hogy úgy jelensz meg, ahogy más emberek azt szeretnék? Mi van, ha az úriemberként létezés arról szól, hogy a világban és a kapcsolataidban oly módon jelensz meg, ami majd mindig többet teremt – másoknak és magadnak is? És mi van, ha ez minden szituációban máshogy nézhet ki?

Amikor azt tudod választani, ami majd működik számodra, akkor megerősítve érzed magad, jól érzed magad, és a kapcsolataid is nagyszerűbbé tudnak válni!

Itt az idő hozzáadni egy kis varázslatot

Ahogy ez az egész utazás az úriemberként létezésbe egy meghívás, ugyanúgy szeretnélek arra invitálni, hogy használd, vagy legalábbis megismerd az Access Consciousness tisztító mondatát.

A tisztító mondat, nos, pontosan az, amit a neve is sejtet. Ez egy mondat, avagy szavak összessége, amiket kimondva megtisztítod az utat magad előtt, és elengeded azt, ami esetleg korlátoz vagy definiál téged, és beragadva tart. Más szóval ahelyett, hogy csupán ránéznél a nézőpontjaidra, amik eddig korlátoztak téged, remélve, hogy az megváltoztatja azokat, aktívan VÁLTOZTATOD MEG ŐKET.

Elképzelhető, hogy miközben próbáltad férfiként megtalálni az utadat ebben a világban, bizonyos korlátozásokat (valamint elvárásokat, kivetítéseket és ítéleteket) tettél magadra, és ezek a korlátozások útját állják annak, hogy te azzá a férfivá válj, aki valójában vagy.

Ha megengeded neki, a tisztító mondat kulcsszerepet tud játszani abban, hogy szabaddá tegyen ezektől a korlátozó hiedelmektől – még azoktól is, amelyekről nem is tudod, hogy hurcolod magaddal – azáltal, hogy elpusztítja és nemteremtetté teszi őket. A csodálatos ebben az, hogy amint ezek a hiedelmek feloldódnak, akkor szabaddá válik az út az új lehetőségek és tapasztalatok előtt az életedben.

Még egyszer: ahelyett, hogy csupán ránéznél a nézőpontjaidra, amik eddig korlátoztak téged, remélve, hogy az megváltoztatja azokat, aktívan VÁLTOZTATOD MEG ŐKET.

Tudom, ennek elvileg nem kéne ilyen könnyűnek lennie. Én is ezt gondoltam, amikor először hallottam erről a tisztító mondatról. Mi van, ha igazából ez az, amire szükség van, és ez most elérhető számodra?

Nincs semmi vesztenivalód azzal, ha kipróbálod, és akár nyerhetsz is: az egész életedet.

Vizsgáljuk meg közelebbről

A tisztító mondat a következő: ***Helyes, helytelen, jó, rossz, POD, POC, mind a 9, rövidek, fiúk, túlontúl.***

Szinte látom magam előtt az arckifejezésedet, ha ezt most olvasod első alkalommal... Valószínűleg csak annyit mondtál: „Micsoda?!"

Jó eséllyel az agyad kicsit kisütve érzi magát ezektől a látszólag véletlenszerű szavaktól. Sokat segít, ha a tisztító mondatot kontextusba helyezzük, tehát íme egy gyakorlati példa.

Ez az első fejezetből jön, és ez az első példa a tisztító mondatra, és arra, hogy ennek használatára invitállak.

Mit tettem annyira életbevágóvá, értékessé és valóssá a más emberek elvárásainak dobozából való élésben, ami visszatart engem attól, hogy annak az úriembernek a nagyszerűsége legyek, aki valójában vagyok? Mindent, ami ez, isten tudja hányszorosan, elpusztítod és nemteremtetté teszed? ***Helyes, helytelen, jó, rossz, POD, POC, mind a 9, rövidek, fiúk, túlontúl.***

Vedd észre, hogy a tisztító mondat előtt mindig egy kérdés áll. A folyamat mindig egy kérdéssel kezdődik, és ez az, ahol kinyitjuk a lényünket a változás lehetőségének: ezek pont azt az energiát hozzák elő, ami a változás útjában áll. Ha így működünk, kérdésből, akkor nem kerülünk konklúzióba vagy ítélkezésbe, ami új működési módoknak ad teret az életünkben.

A helyzet az, hogy ahhoz, hogy az újhoz eljussunk, ki kell tisztítanunk a régit. Meg kell semmisítenünk (vagy el kell pusztítanunk) és nemteremtetté kell tennünk az idejétmúlt és korlátozó kikövetkeztetéseket, korlátozásokat, ítéleteket, gondolatokat, érzéseket és érzelmeket, amiket eddig bevettünk, általában anélkül, hogy egyáltalán éberek lettünk volna rá.

Ezt teszi a tisztító mondat. Látod, ez hogyan mér kettős csapást a dolgokra? Ha választjuk, ez meg tudja semmisíteni azt, ami nem szolgál minket, ÉS ki tudja tisztítani az utat az előtt, hogy több legyen abból, amit igazán akarunk, akik valójában vagyunk, és abból, ami valóban boldoggá tesz minket.

Ez a tisztító mondat az egyik kulcs a királysághoz, ha bármikor is szeretnél maradandó változást teremteni a korlátozott nézőpontjaidban, és örökre félresöpörni őket.

Tehát ténylegesen mit is jelentenek ezek a szavak?

Helyes, helytelen, jó, rossz, POD, POC, mind a 9, rövidek, fiúk, túlontúl.

Igazság szerint nem szükséges értened a tisztító mondat minden elemét, de tudom, hogy megpróbálod majd, és ez rendben van, ez azt jelenti, hogy kíváncsi vagy, és érdekel a változás és a fejlődés. Ezért vagy itt, pont itt, pont most.

Emellett az elménknek megvan az a tendenciája, hogy mindent tudni akar egy új dologról ahhoz, hogy tényleg „felfogja", hogy megértse, hogy felcimkézze, hogy meghódítsa, hogy tudja.

Az az igazság, hogy a leggyorsabb és legaktívabb út a tisztító mondat megértéséhez az, hogy használod, és megtapasztalod annak az egész életedet megváltoztató hatását.

Még mindig érdekel? Akkor bontsuk le három részre.

A szavakon túli jelentés:

- **Helyes, helytelen, jó, rossz**

  Ez az azzal kapcsolatos ítéleteidet jelenti, amit éppen elengedsz (az, amit elengedsz, benne van a tisztító mondatot megelőző kérdésben). És igen, fontos, hogy elengedjünk minden hiedelmet vagy elképzelést arról az adott dologról – a jót vagy rosszat, a helyest vagy helytelent. Mindet.

- **POD, POC**

A pusztítás pontja és a teremtés pontja. Ez lehetővé teszi számunkra, hogy visszamenjünk az időben arra a pontra, ahol egy hiedelem megteremtődött vagy el lett pusztítva. Általában fogalmunk sincs, hogy hol van ez a pont, és ennek a szépsége az, hogy nem is kell tudnunk. Ez egyszerűen működik. A POD és POC nagyon gyors és tiszta módja annak, hogy eltörölj bármit, ami visszatart attól, hogy az a nagyszerűség legyél, ami vagy.

- **Mind a 9, rövidek, fiúk, túlontúl**

Oké, ez lesz az a pont, ahol az elméd mindent meg fog tenni, hogy igazán, tényleg, *tényleg* megértse, hogy mit jelentenek ezek a szavak. Röviden összefoglalva, a **mind a 9** a tisztító mondat rétegei. (Én részt vettem ennek a 9 rétegnek a kifejlesztésében, de még én sem emlékszem mindegyikre. Látod, neked sem kell tudnod.)

A **rövidek** minden, ami jelentéktelen és jelentős ezzel kapcsolatban, és az összes büntetés és jutalom, ami ezzel jár.

A **fiúk** középpontos gömbök, azaz a hagyma rétegei abban a dologban, amihez próbálsz eljutni.

A **túlontúl** bármi, ami valaha megállított téged az utadon, azok a bizonyos gondolaton túli, érzelmeken túli tapasztalatok.

Hogy van a fejed? Teljesen rendben van, ha beleszédülsz ezekbe a szavakba; megértem. De ha hajlandó vagy beengedni őket az életedbe, akkor el tudod kezdeni megteremteni azt az életet, amit választani szeretnél, és ez az, amikor te, barátom, szárnyalni kezdesz.

Bármikor, amikor a tisztító mondat megjelenik ennek a könyvnek a lapjain, arra invitállak, hogy szánj rá egy pillanatot, és olvasd el, és mondd ki hangosan. Vagy mondhatod magadban is, ha úgy jobban tetszik. Csak próbáld ki. Csak próbáld ki, és nézd meg, hogy megváltoztat-e valamit. Mert lehet, hogy igen.

Ne feledd, a tisztító mondat **egy eszköz a változásra**. Egy mód arra, hogy elpusztítsunk és nemteremtetté tegyünk bármit, ami nem szolgál minket, ami beragadva tart, korlátoz vagy definiál minket.

Próbáljuk ki ezt a szerepeinken

Itt, ennek a fejezetnek ezen pontja arra irányul, hogy elengedjünk bármilyen szerepet, amit eddig játszani próbáltunk, amely visszatart attól, hogy az a nagyszerűség legyünk, akik vagyunk. Ha nyitott vagy rá, akkor olvasd fel hangosan ezt a mondatot, és nézd meg, milyen érzete van számodra:

Mit tettem annyira életbevágóvá, értékessé és valóssá a más emberek elvárásainak dobozából való élésben, ami visszatart engem attól, hogy annak az úriembernek a nagyszerűsége legyek, aki valójában vagyok? Mindent, ami ez, isten tudja hányszorosan, elpusztítod és nemteremtetté teszed? ***Helyes, helytelen, jó, rossz, POD, POC, mind a 9, rövidek, fiúk, túlontúl.***

Ismételgesd csak addig (ha lehet, hangosan), míg az energia változni nem kezd.

Most pedig kérdezd meg magadtól: *„Több tér van számomra ahhoz, hogy én legyek?"* Ez, barátaim, egy teljesen másfajta lehetőség kezdete az úriemberként létezésre.

Miért játszunk szerepeket?

Kezdjük a nyilvánvaló, felszíni dolgokkal, hogy mi miatt találhatjuk magunkat abban a helyzetben, ahol magunkra veszünk egy bizonyos szerepet egy vagy több kapcsolatunkban. Azt már megállapítottuk, hogy a szerepek játszásának sok köze van az elvárásokhoz. Értjük, hogy változtatunk a viselkedésünkön, vagy akár teljesen más valakinek tettetjük magunkat csak azért, hogy megfeleljünk más emberek elvárásainak, és azért, hogy beleidomuljunk az ő dobozaikba.

Valahol, valahogyan összekötöttük azt, hogy ha nem passzolunk valaki dobozába, akkor csalódást okozunk neki, nem viselkedünk vele kedvesen, és nem tiszteljük őt.

Azt gondoljuk, hogy ha a teljes önmagunk lennénk, ha mindent kiengednénk, ha tényleg kilélegeznénk, és megengednénk, hogy a gorillánk kényelmesen érezze magát, akkor önzőek lennénk, és olyasvalaki, aki nem törődik másokkal, és aki nem tisztel másokat.

Már elnézést, de kit nevezel te gorillának???

Hoppá, bocsánat – egy kicsit korán vezettem be őt. Aggodalomra semmi ok, visszatérünk majd rá. De komolyan, az egyik leginkább érzéketlen és tiszteletlen dolog, amit magunkkal tehetünk az, hogy belepréseljük magunkat abba a dobozba, és ott maradunk. Sokkal pusztítóbb beleidomulni abba a dobozba, mint kilapítani vagy szétzúzni azt.

A leginkább pusztító dolog, amit tehetsz, hogy valaki olyan próbálsz lenni, aki nem vagy. **Azonban… kirobbanó pillanat következik…** Nem csak mások dobozaiba erőltetjük bele magunkat, hanem a sajátjainkba is. Lehet, hogy a dobozt, amibe belepréselted magad, azt valójában te építetted.

Csak gondolj bele egy pillanatra. Leírom még egyszer: **Lehet, hogy a dobozt, amibe belepréselted magad, azt valójában te építetted.**

Nézd meg, hogy ennek milyen érzete van: könnyű vagy nehéz? Lehet, hogy azért játszol egy szerepet vagy veszel fel egy bizonyos identitást, mert egy adott ponton eldöntötted vagy kikövetkeztetted – talán nem is kognitívan – hogy ez az, amit a többi ember elvár tőled, és ez az, amit elvársz magadtól.

Mi történik akkor, ha nem játszol egy olyan szerepet, amiről eldöntötted, hogy játszanod kéne? Nos, először kudarcként élheted meg, vagy az összes egyéb rosszaságként. És miért? Mert jó eséllyel úgy élsz, hogy ítélkezel magadon, barátom.

A második részben beszélünk majd még az ítéletekről és az azoktól való megszabadulásról, most elég, ha fontolóra veszed azt az eshetőséget, hogy lehet, hogy azért játszol el néhány szerepet a kapcsolataidban, mert így döntöttél, vagy mert kudarcként tekintenél magadra, ha nem így tennél.

Szóval, azt mondtam, hogy vissza fogunk térni a gorillára. A gorilla 360 kilós, és bele van préselve egy olyan dobozba, ami nagyon, nagyon kicsi számára.

A hely szűkös és kényelmetlen számára, nincs tere, hogy önmaga legyen. Még az is lehet, hogy már levágott magából néhány részt azért, hogy beleférjen. (Furcsa belegondolni abba, hogy lehet, ő maga is segédkezett a doboz megszerkesztésében, nem?)

Vessünk egy pillantást néhány olyan dobozra, amelyekbe mi, férfiként, ebben a valóságban ezidáig megpróbáltunk beleidomulni, de ez alkalommal kizárólag a nőkkel – vagy akikhez vonzódsz – való kapcsolatainkban játszott szerepeinkre fókuszálunk.

Mindenekelőtt azonban: *Vigyázat!* Ezt már elmondtam, de elmondom még egyszer: az úriemberként létezés nem egy újabb szerep, amit eljátszol. Jó eséllyel ismét emlékeztetlek majd erre a könyv vége előtt.

A kulcsszó itt a *létezés*. **Úriemberként létezni.** Nem játszani az úriemberként létezést. Nem tettetni, hogy úriember vagy, miközben titokban azt hiszed, nem vagy az. Ez arról szól, hogy a legjobb vagy, ami lenni tudsz férfiként ebben a világban, bárhogyan is néz az ki számodra.

Ne aggódj, ha ez most túl homályosnak vagy távolinak érződik.

Néhány tipikus doboz

Térjünk vissza ahhoz a beszélgetéshez, amit Liam barátommal folytattam, és ami elindította ezt az egész mozgalmat az úriemberként létezésbe való visszatérés körül. Liam, sokatokhoz hasonlóan úgy érezte, zátonyra futott.

Szeretett volna iránymutatást kapni arról, hogy hogyan legyen férfi ebben a valóságban, és tanácsokat keresvén mindössze arra vonatkozó tippeket talált, hogy miként vegye rá a nőket, hogy lefeküdjenek vele, és hogy miként dominálja őket. Nevezetesen, hogy miként legyen alfahím. Olyanokat talált, mint a *How to Become an Alpha Male: 13 Steps (with Pictures)*

(Hogyan válj alfahímmé: 13 lépés (képekkel)) vagy a *How to Be an Alpha Male: Ten Traits of the Modern-Day Alpha. (Hogyan legyél alfahím: a modernkori alfahím tíz jellemvonása).*

A szótárt fellapozva azt a definíciót találod, hogy az alfahím *„hajlamos domináns vagy uralkodó szerepet felvenni társadalmi vagy munkahelyi szituációkban"* és hogy *„a legtöbb alfahímnek kontrollálnia kell az életében lévő nőket"*.

De mi van, ha téged nem érdekel a nők dominálása és kontrollálása? Mi van, ha téged egy másfajta létezés érdekel velük és a világgal, ami a kedvességről és az úriemberként létezésről szól?

Ha az alfahímként létezés nem jön be neked, és valami mást keresel, akkor a legtöbb férfi számára az egyetlen választás az marad, hogy ezeknek az ellenkezőjévé válik; azzá, amit én csak úgy hívok: „szenzitív new age fickó". Itt nem lehetsz tökös, és többnyire ki vagy szolgáltatva a nők – és a világ – akaratának és szeszélyeinek.

Mi van, ha létezik valami a *vagy* alfahím *vagy* szenzitív new age fickó „vagy-vagy"-án túl? Mi van, ha egyszerűen lehetnél *te*?

Egyszer és mindenkorra mutassunk ajtót a „vagy-vagy" kifejezésnek. Nem csak az alfahím VAGY szenzitív new age fickó kettősségéről beszélek. Arra is invitállak, hogy megszabadulj az olyan elképzelésektől, mint a...

férfias VAGY nőies,
szexuális VAGY sebezhető,
erőteljes VAGY érzelmes,
erős VAGY kedves.

Mert… (és ez a következő mondat fontos) *az ítéletek, a kikövetkeztetések és a nézőpontok mindig korlátozzák a teremtést, és elkülönülést hoznak létre.* Ezt nagy eséllyel újra el fogom mondani később a könyvben. Például most! *Az ítéletek, a kikövetkeztetések és a nézőpontok mindig korlátozzák a teremtést, és elkülönülést hoznak létre.*

Amikor eltávolodunk a fekete-fehér gondolkodástól (avagy az ítéletektől, a kikövetkeztetésektől és a nézőpontoktól), akkor eltávolodunk azoktól a sunyi helyektől, ahol elkülönülünk önmagunktól és egymástól. Amikor pedig kikerülsz az elkülönülésből, akkor a *létezés* egy olyan terével rendelkezel, ami sokkal nagyobb hozzáférést is ad neked ahhoz, ami igaz számodra.

És annyi minden tudsz lenni abban a térben. Jelen tudsz lenni a partnereddel és tudtára tudod adni, amikor jól jönne az ő jelenléte is. Tudsz sebezhető és potens, bolondos és állhatatos, fura és csodálatos lenni anélkül, hogy be kellene illeszkedned egy definiált szerepbe arról, hogy mi lehetsz és mi nem lehetsz bármelyik pillanatban.

Tehát, barátom, hadd kérdezzem meg tőled: *Hajlandó vagy elengedni azokat a szerepeket, amelyek egyáltalán nem egy megerősítő választás eredményei?*

Konkrétabban... *Itt az idő egy új szerepre?*

Tudom, hogy egy régóta játszott szerep elengedése ijesztő tud lenni. Én csak arra invitállak téged, hogy eljuss egy olyan helyre, ahol nyitott vagy valami másra, egy másfajta létezésre.

Azáltal, hogy megnyílsz annak lehetőségére, hogy elengedj minden szerepet, ami visszatart, megteremtesz egy olyan teret és szabadságot magad körül, ahol csodálatos és elképesztő változások történnek. A jelenleg távolinak és lehetetlennek tűnő dolgok itt kezdődnek.

Ha hajlandó vagy ezt választani.
Ha hajlandó vagy elengedni a színlelést, és az összes „kellene"-t és „kéne"-t.
Ha hajlandó vagy az ítéleteken, kikövetkeztetéseken és nézőpontokon túl menni.
Ha nyitott vagy rá, hogy rendelkezz az összes térrel, amire szükséged van ahhoz, hogy a legnagyszerűbb önmagad legyél.

Tudod mit? Van még néhány kérdésem számodra. Lehet, hogy ezelőtt még soha nem tettél fel ilyen kérdéseket magadnak. Csak nézd meg, mit hoz föl neked:

Ha rajtam múlna, mit szeretnék választani?
Milyen szeretnék lenni?
Hogyan szeretnék megjelenni a világban?

A 360 kilós gorilla

Amikor megengeded magadnak, hogy a 360 kilós gorilla legyél a teremben, akkor az összes teret kitöltöd, amire önmagad teljességeként szükséged van. Ez nem arról szól, hogy te vagy a legnagyobb, legizmosabb fickó – mert amikor önmagadként létezel, akkor nem kell erőt használnod vagy félelmet keltened másokban ahhoz, hogy átmenjen az üzenet. Akár 360 kiló vagy, akár 45, amikor önmagadként létezel, akkor felolvasztod a körülötted lévő dobozokat és határokat, ennek eredményeként megváltozik a körülötted lévő világ, és elkezdesz a legnagyszerűbb „te" lenni, ami lenni tudsz.

És ezt honnan tudod? Nos, először is elkezdesz csodálattal és hálával tekinteni arra a fickóra a tükörben. **Magadra.**

De... mi a helyzet a nőkkel?

„Hé, Dain, Dain – ez mind nagyon szép és jó, abszolút benne vagyok, hogy valami mást válasszunk, de azért légyszi, elmondanád azt, hogy – milyen férfit akarnak a nők?"

Barátom és társam a keresés útján, igen, nagyon is értem, hogy ezt miért akarod tudni. Íme a 22-es csapdája ezen kérdést illetően: ha a fő célod az, hogy biztosan megadd az embereknek (ezek közül néhány nő) azt, amiről ők eldöntötték, hogy akarják tőled – akkor TE hol vagy ebben a számításban? Mindig a második helyre szorulsz.

Ez a *kellene* állapotába helyez téged. Ezzel egy jó nagy adag kéne jelenik meg. **Ez annak a kezdete, hogy levágod *magad* önmagadról, mivel *az összes többi ember (és nő) szükséglete válik életbevágóvá.***

Ehelyett próbáld ki ezt: fordítsd meg. Ahelyett, hogy azon gondolkodnál, hogy *neked minek kéne lenned* ahhoz, hogy a nők vonzónak találjanak, fontolgasd inkább azt, hogy te milyen *szeretnél lenni* a világban, és hogy amikor ekként létezel, akkor ki fog majd vonzónak találni? Ki fog téged értékesnek találni, ki akar majd veled lenni, amikor úgy létezel, ahogy te szeretnél lenni?

Lépj bele valami másnak az éberségébe. Lépj bele abba a térbe – ez elég. ***Te* elég vagy.** Emellett, ha azt választod, ami igaz számodra, akkor annak természetes velejárójaként válsz vonzóbbá és potensebbé.

Amint elkezded megragadni az új lehetőségeket, elképesztő dolgok történnek. Ez olyan, mint a dominóelv: valami új jön majd a világodba, és az az új dolog több lehetőséggel és tudatossággal fog rendelkezni, és akkor kiterjednek a választásaid, és nagyszerűbbé válik az, ami lehetsz, és az is megváltozik, amilyen hozzájárulás lehetsz! Valahogy így.

Ja, és lehet, hogy még boldogabb is leszel!

HARMADIK FEJEZET

TARTSD TISZTELETBEN AZT, AKI VALÓJÁBAN VAGY

Bármikor, amikor úgy döntesz, hogy változtatsz valamin, vagy hogy többel rendelkezel valamiből az életedben, akkor a leggyorsabb mód a tartós változásra az, hogy azonosítod, hol *vagy* már most a változás. Nos, mi van, ha már most akként létezel?

Kérdezd meg magadtól: *„Hol létezem már most úriemberként az életemben?"*

Lehet, érdemes kicsit konkrétabban ránézned. Gondolkodj el azon, hogy mit jelent számodra az úriemberként létezés. Benne van az, hogy kedves vagy? Hogy kiállsz magadért? Hogy oldott vagy, akárkinek a társaságában vagy? Fogjuk most csak az egyik ilyen vonást: a kedvességet. Volt már veled valaha olyan, hogy:

Kedvesen bántál valakivel?
Tisztelted azokat, akiket az utadba sodort az élet?
Hozzájárultál valaki más napjához pozitív módon?

Lehet, hogy a boltban valaki olyan mögött álltál a sorban, akinél pont nem volt elég pénz, hogy kifizesse a vásárlást. Nem jól számolta ki a kosarában lévő dolgok értékét, és már készült egy-két árucikket a pénztárnál hagyni, amikor te azt mondtad: „Semmi gond, majd én kifizetem" – és kipótoltad neki a hiányzó összeget. Vagy lehet, hogy rászántad az időt, hogy beszélgess az új kollégával a munkahelyen, mert kicsit idegesnek tűnt az első héten a munkában. Vagy láttál valakit egy nehéz csomaggal küszködni, és felajánlottad, hogy segítesz neki. Vagy épp egyedül ettél egy étteremben, és ahelyett, hogy felhúztad volna magad a stresszes anyukán, ahogy a melletted lévő asztalnál küzd a hisztiző kisgyerekével, inkább rámosolyogtál.

Ezek mind olyan helyzetek, ahol pozitív, kedves és tiszteletben tartó jelenlét lehettél valaki más életében, és ha úriember tulajdonságként tekintesz a kedvességre, akkor ezek mind olyan alkalmak, ahol már úriemberként jelensz meg ebben a világban.

Az egyik legnagyobb nehézség számunkra férfiakként az, hogy az önítélkezés folyamatos állapotába vagyunk ragadva azért, mert nem vagyunk elegek. Szóval szánj rá egy percet, és ismerd el azokat a helyeket, ahol több, mint elég voltál.

A kiterjedés akkor történik meg, amikor elismerjük, ahol már azok vagyunk.

Ez annyira gyors, könnyű, egyszerű, egyenes és hatásos mód arra, hogy elkezdj nagyon is valós eredményeket látni az úriemberré válás (vagy az *ahhoz való visszatérés*) felé vezető úton. **Egyszerűen:** ha elismersz valamit, az növekedésnek indul.

A tiszteletben tartás a kulcs

Ha választanom kéne egy szót, hogy összefoglaljam ezt az egész folyamatot, vagy ha az úriemberséghez kéne egy dolgot javasolnom neked, az a tiszteletben tartás lenne, mert az úriemberként létezés egy hatalmas része magában foglalja mások tiszteletben tartását.

Ez azt jelenti, hogy tiszteletben tartod mind a nőket, mind a férfiakat az életedben, és – ha vannak – a gyerekeidet is. Ez arról is szól, hogy tiszteletben tartod az elköteleződéseidet mások felé, és ugyanakkor a mi jövőnket is a bolygón. De ezekből egyik sem lehetséges addig, amíg nem tartod tiszteletben… (már tudod, mi következik, ugye?)

MAGADAT.

Tehát nézzünk rá arra, ami vitathatatlanul a legfontosabb kapcsolatod lesz az életedben: **a kapcsolat saját magaddal.**

Megengedéssel, hálával és tiszteletben tartással rendelkezni önmagad iránt – ezek adják meg az igazi úriemberként való létezés alapját. És álljon itt egy apró megjegyzés is: ha úgy érzed, hogy az önmagaddal való kapcsolat elképzelése valamiféle női dolog, akkor lehet, érdemes elkezdened feltenni a kérdést: *„Ez kihez tartozik?"*

Gyakran, amikor azt hisszük, hogy ugrunk valamire, akkor valójában a körülöttünk lévő összes többi emberre vagyunk éberek, és az ő nézőpontjaikra. Milyen lenne egy tiszteletben tartó kapcsolat önmagaddal? Több teret és könnyedséget teremtene a világodban? Ha ettől könnyedebben érzed magad, akkor te egyszerűen csak nagyon éber vagy, barátom, mindenki más nézőpontjaira.

Hány olyan nézőpontot vettél be másoktól, hogy nagyszerű kapcsolattal rendelkezni önmagaddal rosszaság? Mindent, ami ez, isten tudja hányszorosan, elpusztítod és nemteremtetté teszed? ***Helyes, helytelen, jó, rossz, POD, POC, mind a 9, rövidek, fiúk, túlontúl.***

Ja, és az „isten tudja hányszorosan" egy annyira nagy szám, hogy csak isten ismeri. Olyan, mintha szteroidot adnánk a tisztító mondathoz.

Kinek a hazugságait és milyen hazugságokat vettél be arról, hogy mit jelent valóban férfinak (és úriembernek) lenni? Mindent, ami ez, isten tudja hányszorosan, elpusztítod és nemteremtetté teszed? ***Helyes, helytelen, jó, rossz, POD, POC, mind a 9, rövidek, fiúk, túlontúl.***

Kinek a hazugságait és milyen hazugságokat használsz, hogy megteremtsd férfiként az önmagaddal való szoros kapcsolat rosszaságát? Mindent, ami ez, isten tudja hányszorosan, elpusztítod és nemteremtetté teszed? ***Helyes, helytelen, jó, rossz, POD, POC, mind a 9, rövidek, fiúk, túlontúl.***

Kinek a hazugságait vetted be, és milyen hazugságokat használsz, hogy megteremtsd a zavarodottságodat arról, hogy mit jelent férfinak (és úriembernek) lenni ebben a világban? Mindent, ami ez, isten tudja hányszorosan, elpusztítod és nemteremtetté teszed? ***Helyes, helytelen, jó, rossz, POD, POC, mind a 9, rövidek, fiúk, túlontúl.***

Mit tettél annyira életbevágóvá, értékessé és valóssá ezen valóság férfiasságról alkotott definíciójában, hogy az érzékeny oldalad bármilyen jelét, megnyilvánulását és felkarolását rosszaságként, gyengeségként vagy maga a férfi lényed elleni fenyegetésként látod? Mindent, ami ez, isten tudja hányszorosan, elpusztítod és nemteremtetté teszed? ***Helyes, helytelen, jó, rossz, POD, POC, mind a 9, rövidek, fiúk, túlontúl.***

Miközben nem szeretem definiálni, hogy ki is egy úriember, azt azért elmondom, hogy minden önmagad tiszteletben tartásával kezdődik. És ebbe az is beletartozik, hogy elengeded azt, aki nem vagy – azokat a szerepeket, amikről az első fejezetben beszéltünk – és átöleled azt, aki te vagy.

Egy másik csapda, amibe az emberek – nők és férfiak egyaránt – néha belesétálnak az, hogy azt gondolják, egészséges és tiszteletben tartó kapcsolattal rendelkezni önmagukkal önző, gyenge és túlzottan elnéző dolog. Biztosíthatlak róla, barátom, hogy ez egyike sem a fentieknek. Ez egy út a nagyszerűséghez, és az úriemberként létezés alapja. Még mindig van benned egy kis ellenállás? Próbáld ki ezt:

Kinek a hazugságait vetted be és milyen hazugságokat vettél be másoktól, hogy önmagad szeretete és tisztelete önző, túlontúl elnéző vagy gyenge dolog? Mindent, ami ez, isten tudja hányszorosan, elpusztítod és nemteremtetté teszed? ***Helyes, helytelen, jó, rossz, POD, POC, mind a 9, rövidek, fiúk, túlontúl.***

Ha szeretnéd, hogy a körülötted lévők tiszteljenek, elismerjenek és értékeljenek, akkor arra invitállak, hogy legyél ez először önmagad számára. Legyél önmagad, és változtasd meg a világot. Tiszteld, ismerd el, tápláld és értékeld magad, és garantálom, hogy mások is így tesznek majd.

Amikor bekerültem az Accessbe, akkor messze nem az a fickó voltam, aki tiszteletben tartja magát, és ez teljesen hidegen is hagyott. Gary Douglas volt az, aki ügyesen felnyitotta a szemem a tényre, miszerint annyira eltökélt voltam mások tiszteletben tartására, főleg a nőkkel való kapcsolataimban, hogy totálisan figyelmen kívül hagytam és elhanyagoltam önmagam tiszteletben tartását. Tényleg, emlékszel arra a jelenségre, amikor levágunk részeket, hogy beleférjünk a dobozokba, amiről az első fejezetben beszéltünk? Na, az voltam én. Szanaszét voltam szabdalva.

Újra és újra azért választottam nőket, mert azt gondoltam, hogy boldoggá tudom tenni őket. Szinte ez volt az egyetlen célom: hogy a nőt boldoggá tegyem. És amikor nem volt boldog, az azt jelentette számomra, hogy: *Rendben, itt a karom! Hadd vágjam le a karomat érted!*

Jó sok időbe telt felismernem, hogy ez a levágás dolog nem működik. A nők, akikkel kapcsolatban voltam, soha semennyivel nem lettek boldogabbak, amikor levágtam részeket magamból. De addig, amíg ezt fel nem ismertem, addig azt hittem, hogy csupán folytatnom kell azt, amit addig csináltam, csak jobban, nagyobb és drámaibb fokozatra kapcsolva: *Rendben, akkor levágom a lábam! Az nagyobb, mint a karom, szóval ettől biztos örökre boldog leszel. Ja, várj – ez csupán 10 percig tartott!*

Végül eljutottam arra a pontra, ahol tudtam, hogy valami mást kell csinálnom. *Alapjaiban … mást.* Vagy: AKM. Találd ki, melyik szó hiányzik.

Szóval elkezdtem változtatni a dolgokon. Megtettem azt a bizonyos lépést önmagam tiszteletben tartása felé. Életemben először feltettem a kérdést: *Mi tenne engem boldoggá?* És végre nem az volt a válasz, hogy: *boldoggá tenni a nőt.* Vagy bárki mást, ami azt illeti. És ahogy a könyv bevezetőjében mondtam, ez egy folyamatos keresés kezdete volt, ahogy annak is, hogy elkezdjem igazán megkedvelni magam.

Az első fejezetben feltettem neked néhány kérdést. Vigyük most azt tovább egy lépéssel.

Ha önmagam lennék, és egy úriember, ki lennék?
Ha önmagam lennék, és egy úriember, mikor lennék?

Ha önmagam lennék, és egy úriember, mi lennék?
Ha önmagam lennék, és egy úriember, miért lennék?
Ha önmagam lennék, és egy úriember, mi lenne bulis számomra?

Ezek a kérdések sokat fognak segíteni neked abban, hogy eljuss annak velejéhez, ami lényként és férfiként igaz számodra. Tulajdonképpen az, hogy időt adsz magadnak ezeknek a kérdéseknek a felfedezésére, már önmagában tiszteletben tart téged.

Mit fog ez teremteni vagy pusztítani?

Úriembernek lenni arról is szól, hogy képes vagy felismerni, hogy az, amit csinálsz vagy csinálni készülsz, az tiszteletben tart-e téged, és azt a jövőt teremti-e, amire igazán vágysz. *Hogyan?* Nos... egyszerűen csak *kérdezel.* Ez ennyire könnyű.

Kérdezhetsz nyíltan és lényegre törően:

Ez [a dolog, amit tenni készülök] tiszteletben tart engem?

Vagy részekre is bonthatod, és konkrétabb dolgokat is kérdezhetsz:

Ez egy nagyszerűbb jövőt fog teremteni? Vagy ez pusztítani fogja a jövőmet?

Ha nem vagy benne biztos, akkor nézd meg, melyik könnyebb. Bármikor kérdezhetsz újra:

Ez a választás teremteni vagy pusztítani fogja a jövőt, amivel rendelkezni szeretnék?

Elképesztő, hogy csupán azáltal, hogy felteszed ezt a kérdést, mennyivel több éberséget kapsz arról, hogy mi igaz neked, és még az is lehet, hogy azon kapod magad, hogy azt választod, hogy nem csinálod azt a dolgot, amiről azt hiszed, hogy igazán csinálni szeretnéd. Vagy, ha szabad egy kicsit nyersen fogalmaznom: *nem csinálod meg azt a valakit, akiről azt hiszed, hogy nagyon meg szeretnéd csinálni.*

És el kell mondjam, nekem hosszú, hosszú (hosszú) időbe telt eljutni arra a pontra, ahol hátat tudtam fordítani egy potenciálisan élvezetes lehetőségnek valakivel, aki velem akarta tölteni az éjszakát, mert tudtam, hogy az az élmény nem tartana tiszteletben engem, de amikor végre sikerült nemet mondanom – az egyszerűen elképesztő volt! Teljesen és totálisan tiszteletben tartottam magam, és ez fantasztikus érzés volt!

Mi jár most a fejedben? Azt gondolod, hogy ez teljes őrültség? El tudod képzelni, hogy visszautasítasz egy lehetőséget a szexre valakivel, aki lehet, hogy hihetetlenül gyönyörű, csak azért, mert tudod, hogy az semmilyen módon nem fog hozzájárulni a jövődhöz?

Nos, megértem. Legtöbbünknek, főleg férfiként, megvan az a nézőpontunk, hogy ha valaki együtt akar lenni velünk, akkor annak igazán engedelmeskednünk kell. Nekünk kell a kiválasztottnak lenni, ahelyett, hogy mi választanánk.

De ahogy elindul önmagad tiszteletben tartásának ezen folyamata, elkezdesz te választani, és olyan választásokat hozol, amikről tudod, hogy a lehető legjobb módon fognak alakulni számodra.

Csináld meg akkor is!

Időnként, még akkor is, ha az adott cselekedet pusztító lesz a jövődre nézve – csináld meg akkor is. *Várj, micsoda?!*

Komolyan. Ha van valami, amit nagyon, nagyon, nagyon meg szeretnél csinálni, mennyi esélye van annak, hogy egyáltalán eljutsz arra a pontra, hogy feltedd a teremt/pusztít kérdést? Lehet, hogy felteszed, és felismered majd, hogy ez pusztítani fogja a jövődet, de akkor is bele fogsz menni, és meg fogod csinálni.

És ez rendben van. Rendben van elcsábulni. Rendben van egy olyan választást hozni, ami majd pusztítja a jövődet, amikor éber vagy arra, hogy épp egy ilyen választást hozol. Éber vagy rá, és hajlandó vagy elcsábulni még akkor is. Nagyon megerősítő, nagyon tiszteletben tartó, és mint olyan, nagyon úriember dolog ilyet csinálni.

Szóval, itt vagy te, készülsz valamilyen módon pusztítani a jövődet. Ezen a ponton, ha egy pillanatra meg tudsz állni, akkor kérdezd meg magadtól: *Hogyan tudom ezt annyira könnyűvé tenni magam és a jövőm számára, amennyire csak lehet? Mennyi buliban lehet így is részem, miközben ezt csinálom?*

Mi lenne, ha élvezhetnéd a tényt, hogy épp egy olyan választást hozol, ami majd pusztítja a jövődet? Mennyire kicseszettül király vagy már?!

Amikor hajlandó vagy tiszteletben tartani magad, akkor nem teszed magad rosszá olyankor, amikor egy olyan választást hozol, ami nem alakult túl jól, mert az nem tiszteletben tartás. Ehelyett mondd azt: „Rendben, nos, ez nem sült el túl jól. Mi mást választhatok a jövőben?"

Mellesleg milyen érzés számodra a létezés ezen teljesen más módja a világban? Elég izgi, nem?

Annak öröme, amikor elszúrod

Nem vagy tökéletes, és nem is kell annak lenned. Soha nem a tökéletességre van szükség. A választásaid élvezete, és a hála a tényért, hogy választani tudsz az, amire szükség van. Még akkor is, amikor azok a választások elvileg „rosszak".

Mi lenne, ha azt mondanám neked, hogy én örömöt találok abban, amikor elszúrom?

Ez így igaz. Amikor tizenéves voltam, volt egy barátom, Jeff, akinek örökre hálás leszek, hogy megtanította nekem a következő dolgot: Rendben van elszúrni, és még jobb, ha nevetni tudsz magadon azután, hogy elszúrtad. Ezt Jeff tanította meg nekem, csupán azáltal, hogy ő ilyen volt és így élt. Csodálatosan művelte azt, hogy viccet űzzön magából, és ezt én rendkívül csodáltam benne.

Én egyébként elég komoly gyermek voltam, és ha megnézed azt a fajta nevelést, amit én kaptam, akkor meg is érted, miért. Sokkal felelősségteljesebb voltam, mint bármelyik körülöttem lévő felnőtt, beleértve a szüleimet is, és volt bennem egy mérhetetlen és nehéz érzés, hogy jóvá kell tennem az ő hibáikat azáltal, hogy mindenről és mindenkiről gondoskodom. És ezt hatéves koromtól kezdve csináltam.

Szóval, amikor megismertem Jeffet, és megismertem a humorát és a könnyedségét, akkor ezek a képességek bennem is felébredtek. Mindig is ott voltak – csupán el voltak temetve sok évnyi kötelezettség, aggály és aggodalom alá.

Annyit szeretnék még hozzátenni, hogy ha komoly fickó vagy, az teljesen rendben van. Hozzám hasonlóan lehet, hogy jó okod van rá. Lehet, hogy az a gyerek voltál, aki túl sokat vállalt magára, sokkal többet, mint amit valaha magára kellett volna vennie.

Annak választására invitállak, hogy ezt a komolyságot – ami abból jött, hogy a legjobbat akartad azoknak, akiket szeretsz – fogd fel az erősségedként, egy részedként, egy tulajdonságodként. Még akkor is, ha nem voltak meg az eszközeid arra, hogy mindenkit megvédj, minden tőled telhetőt megpróbáltál, hogy biztonságban tudd őket. Ismerd fel az erőt ebben. Még akkor is, ha a többi ember nem látta ezt erősségként, amint te annak látod, lényegtelen lesz, hogy mások annak látják-e vagy sem.

És ha választod, akkor lehetsz könnyedebb és örömtelibb is. Fogadd el, hogy néha el fogod szúrni. Mindenkivel megesik.

Szóval mi lenne, ha élvezhetnéd? Mi lenne, ha jól érezhetnéd magad, miközben csinálod? Mi lenne, ha nem kéne magadat rosszá tenned? *És mi lenne, ha nem kellene többé bizonygatnod, hogy olyan átkozottul tökéletes vagy?*

NEGYEDIK FEJEZET

ELTÁVOLODNI AZ ÍTÉLETTŐL

Idáig azokra a módszerekre néztünk rá, amelyekkel más emberek ítéleteibe (azokba az elvárás-dobozokba) próbálunk beilleszkedni, valamint érintettük azt, hogy esetenként miként építjük mi, vagy segítünk magunk is létrehozni ezeket a dobozokat.

Most bontsuk ki mélyebben az ítélet témáját, mert az ítélet elengedése teszi valóban lehetővé, hogy legelőször is tiszteletben tartsd és értékeld magadat! Ja, és említettem már, hogy amikor értékeled magadat, akkor ennek közvetlen következményeként mások is értékelnek téged? Erről érdemes újra szót ejtenünk, hátha néhányan közületek még mindig úgy gondolják, hogy mások által kell érvényesítve lenniük ahhoz, hogy értékesek legyenek. Nem. Ez velünk kezdődik. Akár követik ezt mások, akár nem. És ha nem teszik, számít az bármit is?

Menjünk vissza a tükörhöz

Egyből a könyv elején megkértelek, hogy képzeld el, ahogy holnap reggel felébredsz, belenézel a tükörbe, és kedveled azt a férfit, aki visszanéz rád. És azt is elmondtam neked, hogy az egyik dolog, amit szeretném, ha ettől az egész kalandtól kaphatnál, hogy egyszerűen őszintén kedveled MAGADAT.

Vigyük tovább ezt egy lépéssel. Képzeld el, hogy belenézel a tükörbe, és képes vagy ránézni magadra, mindenre, ami te vagy – úgy, hogy egyáltalán nincsenek ítéleteid, sem „pozitív", sem „negatív". Milyen lenne, ha úgy tudnál belenézni a tükörbe, hogy nem értékeled a fizikai megjelenésedet, és nem lenne véleményed a dolgokról, amiket tettél, vagy a választásokról, amiket valaha hoztál?

Képzeld el, hogy belenézel a tükörbe itt és most, és teljes elfogadásban vagy magaddal, ma, ebben a pillanatban – nem akkor, amikor majd leadtál 5 kilót, vagy amikor meglelted álmaid állását, vagy megismerted az ideális párodat, vagy amikor nem szívsz már napi 20 cigarettát. Csak önmagadként, élvezve önmagadat, ahogy vagy, ma.

Amikor totális megengedéssel vagy önmagad iránt, azzal, ahogy te ebben a pillanatban vagy, a legfelszabadítóbb élmények egyike. Hatalmas megkönnyebbülés. Annyira könnyed. Szeretnéd kipróbálni?

Menj oda a tükörhöz!

Teljes alakoshoz, ha lehetséges, vagy a telefonod kamerája is jó, ha csak az van kéznél. (Ha képes vagy odaállni a tükör elé úgy, hogy nincs ítéleted magadról, akkor túl is teljesítetted a tervet, barátom!) Egyszerűen nézz rá a tükörképedre.

Nos, az évek kondicionálásának eredményeként ez nagy valószínűséggel egyből egy nagy csomó ítélkezős szemetet fog felhozni. Ilyesmi ítéletek jöhetnek:

Uhhh, nézd már!
Nézd meg ezt az orrot!
Annyira fáradtnak nézel ki.
ÚRISTEN, de öreg vagy!
Emlékszel, milyen jól néztél ki tinédzserként?

És ha az egész testedet látod:

Ott kéne hájnak lennie?
Ott nem kéne több hájnak lennie?
Túl véznák a karjaid.
Valaha voltak mellizmaid is, nem?

És így tovább. Ezt a listát a könyv végéig tudnám folytatni, mert sajnos a legtöbb ember elméjében bőven akadnak ilyen jellegű ítéletek. De lehet, hogy te nem olyan vagy, mint a legtöbb ember, vagy a legtöbb fickó, és a tükörbe nézve ilyen gondolataid vannak:

Helló, odanézz!
Edzegetünk, edzegetünk?
Nagyon jó bicepszeid vannak.
Ez az, feszíts rá még jobban!
A nők kicseszettül imádni fognak!

Nos – arra invitállak, hogy ezeket az ítéleteket is engedd el, mert ezek még mindig ítéletek, annak ellenére, hogy azt gondolod, így pozitív a hozzáállásod. Most, ehhez a gyakorlathoz próbálj meg ránézni magadra, és nulla kikövetkeztetésbe menni arról, hogy hogyan nézel ki, vagy hogyan néztél ki, hogyan viselkedtél vagy cselekedtél egykoron.

Próbáld ki most, és ne aggódj (ne ítéld meg magad), ha túl nehéz, vagy ha nem megy könnyen.

Igazából teljesen rendben van, ha ezen gyakorlat elvégzése túl sok. Elég szembesítő élmény tud lenni. Csak vedd fontolóra egy jövőbeni lehetőségként, hogy képes leszel magadra nézni ítéletek nélkül, ha csak egy pillanatra is. *Nem olyan könnyű?*

Nagyon sok srácnak nem egyszerű elfogadnia magát pont úgy, ahogy van, mert annyira hozzászoktak a szégyenből, a bűntudatból vagy a rosszaságból való működéshez.

Ehhez még hozzáadódik mindaz a rengeteg irányból rájuk pakolt ítélet – ahogyan és amilyennek lenned kéne vagy lenned kellene – AZ ÖSSZES ILYEN –

és lehetetlen feladatnak tűnhet az összes ilyen nehéz dolgot valami mássá alakítani.

És ha így érzed magad, akkor tudd, hogy ez rendben van, és még ha itt és most nem is hiszed, hogy el tudod fogadni magad csak úgy, ahogy vagy, tudom, hogy képes vagy rá. Én megcsináltam. Férfiak, a világ minden táján csinálják épp most. Mindannyian mögötted állunk és támogatunk téged.

De nem a hátad*on* vagyunk, mert tudod – ez a mindezidáig általad cipelt terhet még nehezebbé tenné. Időnként nehéz volt, ugye?

Miért olyan nehéz?

Miért van az, hogy férfiként ebben a világban sokszor az ítéletek ekkora súlyát cipeljük magunkkal? Nos, ez tényleg az egyik olyan *„Hogyan kezdjek neki?!"* típusú kérdés.

Ezt most kicsit kiszélesítem, és két átfogó okot említek először, amik miatt könnyű lehet megítélni magadat.

Mindig is különböztél a többi sráctól.

Lehet azért, mert nem rajongtál a baseballért, a fociért, a rögbiért, az ivásért, vagy azért, hogy a nőket alsóbbrendűnek lásd. Nem azt mondom, hogy az összes többi fickó ilyen. Csak azt mondom, hogy ez egy bizonyos sztereotípia, amit néhány férfi bevesz, és ha ilyen fickók társaságában úgy érzed, hogy nem passzolsz közéjük – akkor esélyes, hogy ezért valamilyen formában „rossznak" ítéled meg magadat.

Soha nem érezted magad olyan fickónak, akikhez vonzódnak a nők, vagy akivel lenni szeretnének. Nincs meg hozzá a megfelelő tested, vagy nem keresel elég pénzt, vagy nem olvastad el a megfelelő könyveket, vagy nincs meg hozzá a megfelelő kocsid. Honnan jönnek ezek az ítéletek?

Lehet, hogy néhány embernek (néhány nővel együtt) vannak ilyen nézőpontjai, de nagyon sokaknak nincsenek. Szomorú, hogy ilyen elképzeléseket etetnek meg velünk azzal kapcsolatban, hogy a nők mit akarnak a férfiaktól és vica versa, amelyek ennyire messze vannak az igazságtól, ennyire a materiális dolgok köré összpontosulnak, és ennyire nagy eséllyel tartanak téged fényévnyi távolságra önmagad tiszteletben tartásától. Kérlek, hagyd abba, hogy második helyre szorítod vissza magad olyan nézőpontok alapján, amik nem is a tieid.

Ha ezen két átfogó ok mögé nézünk, ezernyi más kicsi, különálló ítélet-darabkát fogunk találni. És ha közelről szemügyre vesszük ezeket, akkor még többet fogunk látni. Legyen annyi elég, hogy ott vannak – az ilyen okok, mint: „Mindig is különböztél a családodtól" vagy „Katolikus szellemben nevelkedtél" (*vagy ide írhatsz bármilyen más vallást, ami az ítéletre és a bűntudatra helyezi a hangsúlyt*).

Bármikor, amikor ítéletet mondasz magadról, akkor abban a pillanatban kilépsz önmagad nagyszerűségéből. Pont. Abban a pillanatban megsemmisíted önmagad nagyszerűségét. Képzeld el, mi lenne lehetséges, ha ezt nem csinálnád. Képzeld el, onnan hova jutnál.

Oké, én rendben vagyok – de nézd azt a srácot!

Még akkor is, ha nem mondod ki hangosan az ilyeneket, még így is megesnek veled?

Nézd már a kocsiját – mennyire régi!

Nézd már annak a srácnak a haját – azzal meg mi van?

Miért énekel hangosan ilyen hanggal?

És ne feledd – a pozitív dolgokkal kapcsolatban is ítélkezhetünk:

Azt a kocsit nézd meg! Mennyire menő!

Hogyan lövi be így a haját? Annyira jól néz ki!

Neki van a legjobb hangja, híres lehetne.

Nehéz lehet a pozitív megjegyzéseket ítéletekként látni, de ezek is azok – mert az érem valamelyik oldalán van egy ideál, amihez aztán méred magad – legyen az „pozitív" vagy „negatív". Az ítélet bármilyen formája lehetetlenné teszi a szabadságot.

Természetesen lesznek olyan esetek, amikor megfigyelsz valamit, mondjuk egy barátod viselkedését, amiről tudod, hogy beszűkült vagy kevesebb, mint amire ő képes. Éber lehetsz erre, és tudhatod, hogy ő épp nem kedves, vagy középszerű, de nem kell, hogy nézőpontod legyen róla.

Egy úriember annak az éberségéből működik, ami a környezetében lévő minden egyes személy számára lehetséges, beleértve saját magát.

Mi történik, amikor abbahagyjuk az ítélkezést?

Bámulatos dolgok. Bámulatos dolgok történnek.

Mert amint kikerülsz az ítéletekből, nézőpontokból és következtetésekből – akkor önmagad nagyszerűsége leszel. Elkezdesz lehetőségekből működni. Hatalmas hozzájárulássá válsz a világnak.

És... megállíthatatlanná válsz, barátom. *Szárnyalni kezdesz!*

Nagyon fontos: *Úriembernek lenni nem egy újabb alkalom arra, hogy megítéld magad.* Tudom, annyira szeretnél arrafelé menni... És mi lenne, ha nem kellene így tenned?

Azt már megállapítottuk, hogy úriembernek lenni nem egy újabb eljátszandó szerep számodra. Nem is egy újabb sztenderd, amihez viszonyítva megítéled magad. Mi van, ha valójában sokkal briliánsabb vagy, mint azt most felismered?

Amikor új információhoz jutunk, akkor könnyű az új információ mentén megítélni magunkat – és valószínűleg a régi információhoz viszonyítva is még mindig megítéljük magunkat. Ez mind része annak a nehéz tehernek, amit ezidáig cipeltünk, és arra invitállak, hogy ezt mind engedd el.

Annyira könnyen bedarál minket az ítélet kereke...

Elszúrod.
Megítéled magad, mert elszúrtad.
Aztán megítéled magad, mert megítéled magad, mert elszúrtad.
Aztán megítéled magad, mert megítéled magad, mert megítéled magad, mert elszúrtad.

És így tovább; sosincs vége. Kérlek, ne ítéld meg magad, mert megítéled magad. Mi lenne, ha az ítélkezés vagy a nem ítélkezés valóban csak egy választás lehetne?

<u>Mit tettél annyira életbevágóvá, értékessé és valóssá az ítélet rendjeiben és sémáiban, mint az ebben a valóságban</u>

való létezésed teremtésének forrását, ami visszatart az igazi úriemberként létezés káoszától, túl az ítéleten, ami egy sokkal nagyszerűbb valóságot tud meghívni és teremteni? Mindent, ami ez, isten tudja hányszorosan, elpusztítod és nemteremtetté teszed? ***Helyes, helytelen, jó, rossz, POD, POC, mind a 9, rövidek, fiúk, túlontúl.***

Káosz: ahol a szabadság lakik

Annyira hozzá vagyunk szokva a szerepekből, az elkülönülésből, az ítéletekből és a következtetésekből való működéshez, hogy lehet, ez a sok újdonság, bármennyire is csodálatos, egyfajta káosz érzetet hoz magával számodra. Az erkölcs és más emberek rád vonatkozó rejtett céljai egy rendezett univerzumban tartanak téged, ahol nem kell aggódnod a káosz kezelése miatt, ami a választás és a szabadság ezen szintjével gyakran együtt jár.

A káosz az, ahol a szabadság lakozik. Elengeded a korlátozásaidat, és ez a folyamatos mozgás állapotába visz bele téged – és az az igazán bámulatos a mozgással kapcsolatban, hogy van lendülete, és alakítható és megváltoztatható. A folyamatos mozgásban – vagy káoszban – lehetséges a totális tudatosság.

Ennek a valóságnak a dobozai, ahogyan ismerted őket, elkezdenek feloldódni, és hirtelen tér jelenik meg körülötted – totális tér, hogy megválaszd, ki szeretnél lenni, és hogyan szeretnél létezni.

Mit tettél annyira életbevágóvá, értékessé és valóssá az ítélet rendjeiben és sémáiban, mint az ebben a valóságban való létezésed teremtésének forrását, ami visszatart az igazi úriemberként létezés káoszától, túl az ítéleten, ami egy sokkal nagyszerűbb valóságot tud meghívni és teremteni? Mindent, ami ez, isten tudja hányszorosan, elpusztítod és nemteremtetté teszed? ***Helyes, helytelen, jó, rossz, POD, POC, mind a 9, rövidek, fiúk, túlontúl.***

Tudd, hogy minden pillanatban vannak elérhető választások. Az egyetlen kérdés számodra úriemberként pedig az, hogy: „*Mi fogja a legtöbbet teremteni?*"

Második rész

ÚRIEMBERNEK LENNI A VILÁGBAN

Álljunk meg egy pillanatra, és ismerjük el, hogy hol vagyunk és hova tartunk.

Az Első rész zömében ránk, mint egyénekre helyezte a hangsúlyt. Ránéztünk az eddig minket visszatartó szerepekre, elkezdtük tisztítani a rosszaság és az ítélet egy részét, és hozzáadtuk a kulcselemet: annak tiszteletben tartását, akik valójában vagyunk. Ez adja az alapot ahhoz, amerre majd ezután haladunk.

A Második rész a fentiekre épít, miközben ránézünk arra, ahogyan mi, úriemberekként teremteni tudjuk a lehetőségeket magunk számára, hogy boldogabb, kiteljesedettebb és hozzájárulással teli kapcsolataink legyenek a körülöttünk lévőkkel. Legyenek ezek szexuális, plátói vagy családi kapcsolatok, a könyv második része arra néz rá, hogy – most, hogy elkezdted őt megtalálni – miként lehetsz az az úriember a világban, aki vagy.

Szóval, itt és most, tűnődj el ezen:

Mi lehetséges innentől? Mi mást tudok teremteni?

ÖTÖDIK FEJEZET

SZEXUÁLISSÁG ÉS POTENCIÁL

Habár nem szeretném definiálni, hogy ki is az úriember (két okból: először is – mindannyian egyediek vagyunk, és másodszor – mert tényleg nem akarok egy újabb mércét a kezedbe adni, amihez viszonyítva aztán méred magad), szeretném megosztani veled azt a lehetőséget, hogy **egy úriember szexualitásból működik.**

Egy egész fejezetet szánok ezen terület felfedezésének, mert a tény, hogy lehetsz úriember *és* szexuális *is*, idegen elképzelések ebben a valóságban, és kulcsfontosságú részei ennek az egész beszélgetésnek!

Mi pontosan a szexuálisság?

A szex a legtöbb ember számára egy igen nagy és erősen megítélt életterület. Az ezt körüllengő ítélet intenzitása sok zavart tud okozni, mert a „szex" mindenkinek teljesen más dolgot jelent! A „szex" néhány különböző elemének és energiájának beazonosítása rendkívüli módon segíthet tisztába kerülnöd azzal, hogy mi az, ami számodra igaz a szexuális energiáddal kapcsolatban. Máskülönben beleragadsz abba a gondolatmenetbe, hogy mi kell ahhoz, hogy ágyba vigyenek, és itt nagyjából meg is áll a dolog.

A szexualitás igazából a *létezés* egy tere. Ez az, amikor tele vagy élettel, mozgásban vagy, és kapcsolódásban vagy a testeddel és a világgal. *Ezek a gyógyító, törődő, tápláló, generatív, teremtő, örömteli, kiterjesztő és orgazmikus energiák.* Észrevetted, hogy egyáltalán nem említettem a közösülést? A közösülés, az valami más – az egyszerűen a testrészek összerakása. A közösülés magában foglalhatja a szexualitás energiáit, vagy nem. A szexualitás olyasvalami, ami folyamatosan lehetsz a világban, és amikor hajlandó vagy ez lenni, az ajándék önmagad és a világ számára.

Szóval hogyan működik szexualitásból egy úriember?

Nagyszerű kérdés!

Menjünk mélyebbre néhány potenciális kérdésben, amelyek a szexualitás témája körül felmerülhetnek, és abban, hogy ez miként kapcsolódik az úriemberként létezéshez.

Beszéljünk a szexualitásról és a szexelésről!

Milyen gyakran fordul elő az, hogy a szex egy törődő, tápláló, kiterjesztő, örömteli, teremtő és orgazmikus élmény számodra? Ha nem az, ez gyakran az ítélet, a szégyen, a bűntudat, a félelem és a mindenféle egyéb dolog miatt van, amelyek ezzel a rendkívül nagy töltéssel bíró témával együtt járnak.

Gyakran bőséggel jelen van benne az alsóbbrendűség, a felsőbbrendűség, a nem megfelelőség és a rosszaság érzete – még akkor is, amikor valaki olyannal szexelsz, akit szeretsz. Ha volt már ilyen szexben részed, akkor az azért volt, mert ilyenkor szexualitásból működtél szexuálisság helyett. És nagy különbség van a szexualitás és a szexuálisság között.

A szexuálisság egy olyan tér, ami te magad vagy, egy energia. Másrészről a szexualitás mindig az ítéletről szól. Hogy micsoda? Tudom! (És ahogy mindig, kérlek, próbáld ki ezt magadon, és nézd meg, hogy könnyű-e számodra!)

Nézzük meg közelebbről azt az elképzelést, hogy a szexualitás az ítéletről szól. Amikor szexualitásból működsz, akkor az ítélet szolgál az izgalmad forrásaként. Amikor a közösülés szexualitásból történik, akkor az a teljesítményről, a bizonyításról és arról szól, hogy jól és helyesen csináld (ami a legtöbb humanoidot azonnal *lelankasztja*!).

Amikor a szexualitás energiáját testesítjük meg a világban, akkor a saját értékünk bizonyításán van a fókuszunk, és azon, hogy érvényesítést kapjunk másoktól abban, hogy megfelelőek, jók, tökéletesek és helyesek vagyunk – főként a szexuális energiát és a vonzerőnket érintő dolgokkal kapcsolatban. Találkoztál már valaha olyan emberrel, aki annyira teljesen *önmaga* volt – falak nélkül, bizonyítás nélkül, teljes kedvességgel – és hihetetlenül vonzónak és invitálónak találtad? Ez a szexuálisság tere. Amikor szexuálissággal zajlik a közösülés, az igen sokrétű lehet, és mégis minden esetben magába foglalja a kedvesség, a gyengédség, a sebezhetőség és a potenciál energiáit. A kiterjedtség ajándékát adhatja mind neked, mind a partherednek. Ha szexuálissággal közlekedsz a világban, az egy ritka, potens úriemberré tesz, aki képes és hajlandó arra, hogy nagyszerűbbé tegye más emberek életét csupán azáltal, hogy jelen van, és ÖNMAGAKÉNT létezik.

Mivel a szexuálisság egy energia, így amikor igazán átöleled, és megengeded, hogy átáramoljon rajtad, akkor az valójában a létezés egy módja. És annak ellenére, hogy benne van a „szex" szó, a szexuálisság sokkal többről szól, mint hogy összetesszük a testrészeket.

Miről szólhat még a szexuálisság a szexen kívül?

Amikor szexuálisságból működsz, és *önmagad* lehetsz a világban, az fenomenális módokon öleli fel és van hatással az életed minden területére. Megvan a kapacitásod a gyógyításra, arra, hogy törődő, tápláló, kiterjedt, örömteli, teremtő és orgazmikus legyél.

A szexuálisság olyan, mint egy szupererő – ezzel minden nagyszerűbbé válik. Ez egy energia, ami táplálja az életedet, a teremtéseidet, a testedet, és mindenkit, akivel kapcsolatba kerülsz. Add hozzá az orgazmikus energiát, az intenzíven élvezetes energiát, ami magát az életet teremti, és megállíthatatlan erővé válsz a világban.

Tényleg? Tényleg! Ez így van. Egy nagyszerű étel, egy élvezetes beszélgetés, egy lélegzetelállító kilátás, vagy csupán a lehetőség és nyitottság inspiráló érzete is lehet orgazmikus, és növelheti a szexuálisság terét az életedben.

De a szexuálisság magában foglalja a közösülést is, ugye? Azért még szexelhetek?

Természetesen, de megígérhetem, hogy ha a szexuálisság teréből szexelsz, attól eldobod az agyad!

Hol tudok erre feliratkozni? (Már megtetted!) *Tehát akkor hogyan működök szexuálisságból?*

Először felismered, hogy ez már ott van benned. Már születésed pillanatában benned volt, tehát igazából ez csak az azzal való újbóli kapcsolódás kérdése, lényegében csak újra be kell kapcsolnod!

Az egyik módszer, amivel elkezdhetsz nagyobb szexualisságból működni egyszerűen az, hogy kéred! Futtasd ezt:

Mindent, ami nem engedi, hogy az igazi szexualisság energiája valósággá váljon számodra, elpusztítod és nemteremtetté teszed, isten tudja hányszorosan? ***Helyes, helytelen, jó, rossz, POD, POC, mind a 9, rövidek, fiúk, túlontúl.***

Kinek a hazugságait és milyen hazugságokat használok, hogy lekicsinyítsem a szexualisságot, amit választhatnék? Mindent, ami ez, elpusztítod és nemteremtetté teszed, isten tudja hányszorosan? ***Helyes, helytelen, jó, rossz, POD, POC, mind a 9, rövidek, fiúk, túlontúl.***

Mennyi mókát és örömet és békét kerültem el eddig azáltal, hogy más emberek önmagukkal kapcsolatos vagy velem kapcsolatos ítéleteinek jelenlétében alacsonyabb fokozatra állítottam a szexualisságomat? Mindent, ami ez, elpusztítod és nemteremtetté teszed, isten tudja hányszorosan? ***Helyes, helytelen, jó, rossz, POD, POC, mind a 9, rövidek, fiúk, túlontúl.***

„De én nem vagyok annyira oda a szexért…"

Ez teljesen rendben van – anélkül is tudsz szexualisságból működni, hogy valaha is összetennéd a testrészeidet valaki más testrészeivel! Ha elkezdesz egyre jobban és jobban ez az energia *lenni*, és a szexualitás helyett a szexuálisságból való közösülés lehetősége elérhetővé kezd válni számodra, akkor lehet, azon kapod majd magad, hogy érdekel a szex! És ha nem így lesz, akkor sem vagy rossz! Amint hozzáférsz a szexuálisságodhoz és átöleled azt, észre fogod venni, hogy ez egy korlátlan forrás, és oda irányítod, ahova akarod. Rendben, a képzeletbeli kérdezz-feleleknek ezennel vége!

Most szeretnék TŐLED kérdezni valamit...

Hogy állsz ezzel az önmagad értékelése dologgal? Könnyedén jön? Nagyon sok javaslatot, amit a fejezet későbbi részeiben adok, sokkal könnyebb kivitelezni akkor, ha megvan benned a hála – és a tiszteletben tartás – érzete az iránt, aki valójában vagy. (És hidd el nekem – tapasztalatból beszélek!)

Amint elkezded értékelni magad, akkor többé már nem abból a ***szükségből*** működsz, ami a szexualitást (és oly sok minden mást!) hajtja. Ha ezen túljutsz, az hatalmas lépés annak irányában, hogy igazán szabadon legyél önmagad, és hogy abból a szexuálisságból működj, ami oly sok féle módon tudja kiterjeszteni az életedet. Kérlek, futtasd ezt: *Milyen energia, térűr és tudatosság lehetek, hogy az a szexuálisság legyek, aki valójában vagyok, teljes könnyedséggel? Isten tudja hányszorosan, mindent, ami ezt nem engedi, elpusztítod és nemteremtetté teszed?* ***Helyes, helytelen, jó, rossz, POD, POC, mind a 9, rövidek, fiúk, túlontúl.***

Egy igazi úriember szexuálisságból működik

Emlékeztetőül: ez nem azt jelenti, hogy egy igazi úriembernek sokat kéne szexelnie. Ez azt jelenti, hogy megengedi magának, hogy a szexuálisság ENERGIÁJA LEGYEN. Ez mind ahhoz a vagy-vagy dologhoz vezet vissza. Erősen hiszem, hogy lehetünk szexuálisak *is*, és úriemberek *is*.

Pont úgy, ahogy lehetünk potensek és kedvesek, erősek és táplálóak, erőteljesek és sebezhetőek. Tulajdonképpen egy igazi úriember szexuálisságból működik. A szexuálisság mind a befogadásról és a kiterjedésről szól. Tágítja a látásmódodat, a tapasztalataidat, és javítja a kapcsolataidat, önmagaddal és másokkal.

Azt tanultuk, hogy férfiakként, ebben a világban, el kell vágnunk magunkat a szexuálisságunktól ahhoz, hogy tisztességes, rendes srácoknak tűnjünk. Lenyomtuk a kapcsolódásra való vágyunkat, és fedőt tettünk arra a játékos energiára, arra a kíváncsiságra, amivel gyerekként rendelkeztünk, mert most, felnőttként, a szexuálisság félreértelmezhető valami másként, valamiféle sötét szándékként, valami „rosszként".

Kérlek, tudd, hogy a **szexuálisság** nem rossz, nem sötét, és soha nem félelmet keltő.

A könyv írásának pillanatában (2017/2018) számos történet kerül épp napvilágra a médiában, mert a hírek szerint nem kevés férfi, nagyon magas beosztásokban, visszaélt a hatalmával és a befolyásával azért, hogy nőket és férfiakat ágyba vigyen.

Ezek a fickók nem szexuálisságból működnek. Ők a státuszukat használják arra, hogy megkapják azt, amit akarnak, nem törődve az áldozatokkal, és határozottan nincs gyógyítás, törődés vagy táplálás a tetteikben.

Erről azért teszek itt említést, mert elképzelhető, hogy ahogy felszínre hozom ezt a témát és beszélgetést, néhány férfi azt gondolhatja, hogy a szexuálisságának megélése által olyanná válik majd, mint azok a fickók – visszaélve az erejükkel, hogy megkapják azt, amit akarnak.

Azok a fickók nem úriemberek, és nem humanoidok, keresők vagy lovak. Ez az, ami eleve ebbe az egész zűrzavarba kevert minket! A hozzád hasonló kedves, törődő úriemberek – akik annyira elkötelezettek, hogy kedvesek legyenek, hogy inkább levágják a saját szexuálisságukat, hogy ne magyarázzák azt félre valami teljesen másként, ami nem tartja tiszteletben a nőket *vagy* a férfiakat.

Hallgass ide: *Nem vagy rossz azért, mert ők azok.*

Te, a saját szexuálisságodat levágva csupán azt a nem-választás szexuális valóságot erősíted, amiben eddig voltunk. Te, azt választva, hogy az a szexuálisság vagy, ami vagy, egy teljesen más lehetőséget kínálsz a világnak ahhoz képest, amit eddig valaha láttunk.

Miért kapcsoltam ezt ki?

Néhányótok ezen a ponton lehet, hogy felteszi a kérdést... akkor mi a fenéért kapcsoltam ki a szexuálisságomat? Egy szó: *szégyen*. Rendben. Akkor most kicsit személyes leszek. Gondolj vissza a fiatalabb éveidre, egészen vissza a tinédzser éveidre, akár még pár évvel korábbra. Emlékszel azokra az első bizsergésekre, amikor valakit vonzónak találtál, vagy amikor egy adott helyzetet szexuálisan izgatónak találtál?

Milyen érzés volt? Úgy értem, nem fizikailag, abban a pillanatban – az király érzés volt – hanem utána?

Lehet, hogy összezavart és zavarba ejtett, és ha így volt, az nem csoda – ez mind nagyon, nagyon új volt, és jó eséllyel senki sem figyelmeztetett téged erre. De amint elmúlt a zavarod, utána már nagyon jól érezted magadat ezekben a helyzetekben, ezekkel az érzetekkel és testi reakciókkal, nem? Teljesen rendben voltál vele, elfogadtad? Tudtál erről beszélni a szüleiddel? Vagy megjelent valami más – valami ciki érzet, valami kellemetlen érzet vagy szégyen?

Ha olyan voltál, mint a legtöbb tinédzser ezen a bolygón, és ha a te családod úgy működött, ahogyan oly sok család működött és működik a mai napig, akkor megvan az esély arra, hogy rengeteg szégyent éreztél emiatt a természetes, és semmi esetre sem helytelen vagy rossz indíttatás miatt, hogy ily módon ismerd meg a tested.

Ezt akár nyíltan mondták ki, akár csak rejtetten, érzékelted és magadba szívtad az üzenetet, hogy a tested, a szexuális energiád, és a szexuálisságod nem oké, nem elfogadható, és ennek eredményeként elzártad azt a feledet, és kikapcsoltad azt az energiát. A korai szexuális felfedezés körüli rosszaság érzete csak egy példája annak, ahogyan a szexuálisság energiáját „kiszégyenítették" belőled.

Ezernyi oka lehet annak, hogy ez miért történik, és hogy ezek a rosszaságról szóló érzések miért válnak olyan erőssé, és érződnek annyira valósnak. Lehet, hogy szüleid rosszaságát vetted föl, amit a szexuálisság körül éreztek, vagy más családtagok, a kortársaid, vagy bárki más érzéseit és véleményét, akivel kapcsolatba kerültél, vagy a szélesebb társadalomét, a médiáét...

Készen állsz, hogy ezt a szégyent elengedd? Ha igen, futtasd ezt: *Kinek a hazugságait és milyen hazugságokat vettél be és használsz, hogy rosszasággá tedd a szexuálisságot és azt, hogy péniszed van, mindent, ami ez, elpusztítod és nemteremtetté teszed, isten tudja hányszorosan?* ***Helyes, helytelen, jó, rossz, POD, POC, mind a 9, rövidek, fiúk, túlontúl.***

Futtasd ezt annyiszor, amennyiszer szükségesnek érzed (tipp – lehet, hogy néhányszor futtatnod kell, vagy pár százszor; amit itt tisztítunk, az egy mély, belénk ivódott dolog.)

És ti, akik rosszaságot éreztetek, mert úgy tűnt, a szexuális vágyatok nem passzolt a kortársaitokéhoz vagy akármilyen kapcsolatotokhoz, amiben voltatok, titeket ennek a tisztításnak a futtatására invitállak: *Mindent, amit ezidáig azért tettél, hogy rosszá tedd magadat a szexuális vágyad hiánya miatt, az arra való vágyad hiánya miatt, vagy annak a vágynak a hiánya miatt, hogy nőket vagy férfiakat birtokolj, és mindent, amit eddig azért tettél, hogy rosszá tedd magadat az intenzíven magas szexuális vágyad miatt, és a vágyad miatt, hogy birtokolj és ágyba vigyél mindenkit és mindent, férfit, nőt vagy mást, és az összes hazugságot, amid van, ami mindezt a helyén tartja, elpusztítod és nemteremtetté teszed?* ***Helyes, helytelen, jó, rossz, POD, POC, mind a 9, rövidek, fiúk, túlontúl.***

Ebben a valóságban határozottan lezártuk a szexuálisságot, a szexualitás azonban… a szexualitás valahogy elfogadott, sőt, ünnepelt norma. És miért? Mert bevettünk három meglehetősen jelentős mítoszt, korlátozó nézőpontot a szexszel kapcsolatban. Nézzük is meg őket.

1. nézőpont: A potenciál lényege az, hogy ágyba vigy(en)ek

És természetesen az, hogy ágyba viszel valakit, bizonyíték arra, hogy potens vagy. Minél több emberrel szexelsz, annál potensebb vagy. Ha több emberrel szexeltél, mint a többi srác az ismerőseid, barátaid közül, akkor te vagy a legpotensebb.

Gondolj bele, hogy milyen károkat okoz ez a nézőpont. Ha te történetesen egy olyan fickó vagy, aki nem akar sokat (vagy egyáltalán) szexelni, de magadba szívod mindezeket az üzeneteket, hogy a szex mennyisége az értéked mércéje „igazi" férfiként ebben a világban – akkor természetesen kevesebbnek, rossznak és alsóbbrendűnek fogod érzékelni magad.

Vagy, ha igenis szeretnél szexelni, de bármilyen oknál fogva nem jön össze annyiszor – nos, itt megint csak alkalmatlannak fogod érezni magad. Presszíót gyakorolsz magadra; mindenféle – és újra itt vagyunk – *rosszaságot* fogsz érezni.

Mert ezen nézőpont szerint az a sikeres férfi, aki szexel. Nem számít, milyen szexben van része, hogy milyenek azok a kapcsolatok – ez mind a számokról szól. Ami szépen továbbvisz minket ahhoz, hogy...

2. nézőpont: Valaki szexelni akar velem. Ennek engedelmeskednem kell!

Ja, persze, mert tovább kell növelned azt a számot, ugye? Nem számít, ha épp nem találod őt annyira vonzónak, vagy tudod, hogy barátja van, vagy neked van barátnőd, vagy épp későre jár és fáradt vagy. Neked gyűjtened kell a pontokat a szerelmi légyottokért, mert minden egyes alkalom egy újabb pénzérmét jelent abban a perselyben, melynek címkéjén ez áll: „Igazi férfi vagyok".

Vagy – íme egy másik eshetőség, ahogyan ez kifuthat. Te nem az a fickó vagy ott fent, aki olyannyira a mágikus kis számára fókuszál. Tudod, hogy semmi köze sincs a saját értékedhez annak, hogy hány emberrel feküdtél le. De… itt egy gyönyörű, elképesztő női csábító, aki az összes jelet leadja. Az összeset. Teljesen odavan érted, és ezt el is mondja neked. Szóval ennek most engedelmeskedned kell, nem? Habár van egy olyan érzésed, ami problémázásnak tűnik, és amit valamilyen oknál fogva nem tudsz szavakba önteni, nevezetesen, hogy talán nem a legjobb döntés lenne igent mondanod. De eleget kell tenned, nem?

Hát persze, hogy eleget kell tenned! Szóval lefekszel vele. Mert ha nem teszed, akkor ez a világ többi részének szexuális ítéletei szerint azt jelenti, hogy kevésbé vagy férfi.

3. nézőpont: A szex és a vágy rossz

Oké, ennek elsőre lehet, nem sok értelme van. Hogyan tud ez a nézőpont ugyanabban az univerzumban működni, mint az imént tárgyalt előző kettő? Hogyan lehet a szexre és a vágyra rosszként gondolni, ha annyira ezekre fókuszál mindenki?? Néhány oldallal ezelőtt beszéltem a szégyenről, amit a korai vágyaid megélésével kapcsolatban tapasztalhattál.

Nos, ez jön valahonnan. Én, személy szerint nagyon kicsi koromtól kezdve hatalmas mennyiségű szégyent éltem meg. Férfinak születtem egy olyan családba, amely elsődlegesen a nőket értékelte. Emellett intenzív bántalmazást tapasztaltam nőktől, akik utálták a férfiakat, és úgy gondolták, hogy a férfiak az összes probléma forrása a világban. Habár szó szerint ütötték a testemet, hogy megértessék velem, hogy a férfiak gonoszak, az eszükbe sem jutott, hogy pontosan ugyanazt követik el velem, amivel a férfiakat vádolják, hogy a nőkkel teszik. Ez számodra is logikátlannak hangzik!? Az eredmény: a szégyen érzete és a szétkapcsolódás a testemtől, a szexuális energiámtól, és a szexuálisságomtól.

És szomorú módon emellett sok üzenet van a világban, mely azt sugallja, hogy az élvezet, az élvezet kedvéért, rossz. Rendben van közösülni akkor, ha az a varázslatos kis számodhoz ad hozzá, vagy gyermeket nemz, de a szexuálisság örömteli, kiterjesztő, tápláló energiáját átölelni – hát nem – elnézést, az nincs rendben.

Fordíthatnánk az időnket és energiánkat arra, hogy megnézzük, miért jött ez létre így a világunkban – vagy megnézhetjük, hogy miként tudunk mindezen túlmenni. A más emberek nézőpontjainak megváltoztatására való összpontosítás ritkán teremti meg azt az eredményt, amit épp keresünk. És az úriemberek hajlandóak olyan dolgok lenni, olyan dolgokat kipróbálni, és olyan dolgokat tenni, amit mások nem.

Szóval beszéljünk arról, hogy *te* – akként az úriemberként, aki valójában vagy – hogyan tudsz valami mást teremteni az életedben, a világban, ennek eredményeként! Beszéljünk arról, hogy miként tudjuk átölelni a szexuálisság energiáját. Nézzünk rá néhány *lehetőségre*!

1. új lehetőség: A potenciál valójában mind önmagad tiszteletben tartásáról és értékeléséről szól

A dolog ezen része nagyon egyszerű. Arra invitállak, hogy elfe-lejtsd a férfiasság hagyományos fogalmát. Nem kell alfának lenned ahhoz, hogy erőteljes legyél, nem kell minden más férfit 50 méteres körzetben dominálnod ahhoz, hogy „férfias" legyél, és nem kell egy csomó nővel lefeküdnöd ahhoz, hogy potens legyél.

Az igazi potenciál akkor érkezik el, amikor mély, valós és igazi megbecsüléssel rendelkezel önmagad iránt, amikor megengeded a szexuálisság energiájának, hogy szabadon áramoljon, és amikor elengeded az összes ítéletet önmagadról és másokról.

Amikor eljutsz erre a helyre, a belőled áradó magabiztossághoz és könnyedséghez, az semmi máshoz nem fogható erőt ad neked, és ez egy könnyű, kényelmes erő. Ez nem a nyerésről szól, nem a számokról, nem a pénzről, nem arról, hogy más emberek mit gondolnak rólad. Ez valami, ami belőled jön, a lényed mélyéről sugárzik, és elképesztő és dinamikus változások felé nyitja ki a világod. Az emberek látják ezt, érzékelik ezt, és reagálnak rá.

2. új lehetőség: Valaki szexelni akar velem, de akár nemet is mondhatok!

Abszolút megteheted. Az 1. új lehetőség életedbe való beengedésének szépsége az, hogy valódi megértést hoz magával, miszerint a szex, és hogy mennyiben van részed belőle, többé nem mércéje az értékednek, és lehetővé teszi, hogy a 2. új lehetőséget beengedd az életedbe.

Emlékszel a példára, amit néhány oldallal ezelőtt mondtam a rendkívül szexi, vonzó és mindenre kész valakiről, aki szexelni akart veled? Akinél úgy érezted, hogy igent kell mondanod, habár a te vágyaid nem passzoltak az ő vágyaihoz, és habár valahol tudtad, hogy ez nem a legjobb választás lesz?

Nos, el tudod képzelni, hogy tényleg nemet mondasz valaki ilyennek?

Amint tudod, hogy potens és erőteljes vagy, függetlenül attól, hogy kivel fekszel le és milyen gyakran történik ez meg, ebből a felismerésből mindenféle lehetőség ered, és ezek a lehetőségek azt is magukba foglalják, amikor *nem* csinálunk bizonyos dolgokat.

Mellesleg, kérlek, ne gondold azt, hogy néhány igazán elképesztő tapasztalatról próbállak lebeszélni – tényleg nem. Csak azt javaslom, hogy amint értékeled magad, akkor lehet, elkezdesz olyan választásokat hozni, amelyek kiterjesztik az életed – ami most meglepőnek vagy távolinak tűnhet számodra. Nekem nagyon hosszú időbe telt ezt az új lehetőséget beengedni az életembe. Találkoztam egy nővel, egyből hihetetlenül vonzott, és valahol mélyen egyből tudtam, hogy ha lefekszem vele, az nem egy olyan választás lesz, ami engem tiszteletben tartana. Ilyenkor feltettem a kérdést: *Ez teremteni vagy pusztítani fogja a jövőmet*? De még akkor is, amikor az ösztöneim azt mondták – hangosan és tisztán – hogy: „Ez pusztítani fogja a jövődet!”, ilyenkor is nagyon gyakran inkább megtettem. Utána ilyenkor furán és kellemetlenül éreztem magam, és azt, hogy lehet inkább hallgatnom kellett volna magamra.

Ezzel nem azt mondom, hogy mennyire borzasztó volt ezeket az élményeket megtapasztalni, nem volt az, és nem volt szükség rosszként megítélnem magam ezek miatt – de nem is tartottak engem tiszteletben. És amikor végre tényleg nemet mondtam egy olyan helyzetben, amiről tudtam, hogy nem tartana tiszteletben engem, és csak pusztítaná a jövőmet – *azta! Elképesztő érzés volt!*

3. új lehetőség: A szexuálisság és a vágy megengedett, átölelt, ünnepelt – és ajándék

Képzelj el egy társadalmat, ahol senkire sem néznek rossz szemmel a szexuális vágyai miatt. Ahol a tinédzserek tudják, hogy az újfaj-ta élvezetek, amelyekben részük van, teljesen normális és szívesen látott dolgok, amiben mindenkinek része van, még a szüleiknek is. És mivel a szüleik korábban nem kapcsoltak „ki" a saját szexuálisságuk tekintetében, nem kommunikálnak egyfajta „rosszaság" érzetet a gyerekeik felé ebben a témában. És senki sem ítéli meg a másikat a szexuális beállítottsága, választásai vagy energiája miatt. És legfőképpen mi sem ítéljük meg saját magunkat.

Köszöntelek a 3. új lehetőségben – *ahol a szexuálisság a létezés egy tere, mely gyógyító, törődő, tápláló, örömteli, generatív, kiterjedt, teremtő és orgazmikus.*

Szeretnélek téged mint úriembert arra invitálni, hogy valóban átöleld ennek lehetőségét és potenciálját.

Amikor egy úriember a teljes potenciáljából működik, új lehetőségek teremtődnek, amelyeket aztán alaposan kiélvezhet. Elképesztő módon azáltal, hogy te magad kinyílsz erre, másoknak is meghívás vagy arra, hogy örömöt és szexuálisságot tapasztaljanak veled.

Ha igazán szabaddá akarod tenni az utat, hogy a szexuálisság energiája belépjen az életedbe, próbáld ki ezt: *Mindent, amit azért tettél, hogy kikapcsold a szexuálisságot, hogy megítéld, hogy azt megítéljék benned, mintha rossz ember lennél, ha rendelkeznél vele, vagy mintha rossz emberré válnál majd miatta, és az összes hazugságot, ami ezt a nézőpontot teremti, elpusztítod és nemteremtetté teszed?* ***Helyes, helytelen, jó, rossz, POD, POC, mind a 9, rövidek, fiúk, túlontúl.***

Eszközök az új lehetőségekért

Hadd mutassak be két kulcs-eszközt, melyek segíthetnek neked belelépni ezekbe az új lehetőségekbe.

1. eszköz: Kérdések, amiket feltehetsz, mielőtt szexelsz valakivel

Ha magadra ismersz a 2. nézőpontban: *Valaki szexelni akar velem – ennek engedelmeskednem kell!*, akkor elképzelhető, hogy egy kis segítségre van szükséged ahhoz, hogy belelépj a hozzá tartozó 2. új lehetőségbe: *Valaki szexelni akar velem – de akár nemet is mondhatok!*

Már beszéltünk a tényről, hogy a döntés, miszerint mész és szexelsz valakivel vagy sem, nagyon szorosan kapcsolódik ahhoz, hogy számításba veszed-e önmagad igazi tiszteletben tartásának és értékelésének lehetőségét. Mielőtt meghozod a döntést – íme néhány kérdés, amiket feltehetsz, melyek segítenek, hogy tisztánlátásod legyen.

1. *Könnyű lesz?*
2. *Mókás lesz?*
3. *Fogok tanulni valamit?*
4. *Boldogabb leszek utána?*
5. *Mindketten hálásak leszünk?*

Ha kevés időd van, akkor mindezt rövidre zárhatod ezzel a kérdéssel: *Ez a választás pusztítani vagy teremteni fogja a jövőmet?* Arra invitállak, hogy hallgass az éberségedre, a zsigeri ösztönödre, a megérzésedre – akárhogy is nevezzük – miközben felteszed magadnak ezeket a kérdéseket.

Természetesen lehet, hogy a legtöbbre „nem" lesz a válaszod (vagy akár az összesre), és így is mész, és „igent" mondasz – és itt senki sem ítél meg ezért, szóval kérlek, te se ítéld meg magadat. Elég, ha csupán megvan az éberséged, hogy ez alkalommal nem tartottad magadat tiszteletben annyira, amennyire tehetted volna, és legyél nyitott annak lehetőségére, hogy legközelebb máshogy választasz.

Tehát, hajlandó vagy valami mást választani? Hajlandó vagy kinyitni magad a gyógyító, törődő, tápláló, örömteli, generatív, kiterjedt, teremtő és orgazmikus tapasztalatokra – azokra, amik hozzájárulások lesznek neked, az életednek, az energiádnak és a jövődnek? Ebbe beletartozhat az is, hogy igent mondasz a szexre valakivel, amikor az kiterjeszti aztán az életed! És ahogy többet használod ezeket a kérdéseket, és jobban tiszteletben tartod magadat, lehet azt veszed észre, hogy az is megváltozik, amilyen típusú emberekkel választod a szexet! *Hogyan lehetne ez még ennél is jobb?*

2. eszköz: A nézőpontod teremti a valóságodat

Az egyik „Az úriember visszatérése" YouTube beszélgetésünk során Liam és én beszéltünk arról, hogy mennyivel több lehetőség válik elérhetővé számodra úriemberként akkor, amikor önmagad értékének mércéjeként többé nem a szexpartnereid számát tekinted.

Azt is javasoltam, hogy amikor a fenti hat kérdést használod, akkor elkezdesz majd olyan tapasztalatokat és nőket választani, akik aztán élveznek téged, és igazán hálásak lesznek érted. Erre számos fickó szinte azonnal azt felelte, hogy erős kételyeik vannak azzal kapcsolatban, hogy ilyen nők léteznek-e.

Éreztél már így? Kételkedtél már valaha abban, hogy vannak olyan nők a világon, akik élvezni fognak téged, és igazán hálásak lesznek érted? Szeretnék neked bemutatni egy másik eszközt, bár ez inkább egy út és mód, mintsem egy eszköz – *ez egy váltás abban, ahogyan a világot látod.*

Ha megengeded, ez a váltás igazán fenomenális módokon lesz hozzájárulás az életedhez. Tudnod kell, hogy ez egy nagyon más működési mód, szóval ha az első alkalommal hallasz erről, akkor lehet, kételkedve fogadod majd.

Ha így lenne, arra invitállak, hogy haladj az árral. A könyv további részeiben is folytatni fogjuk majd ennek felfedezését. Most csak mártózzunk meg ebben a lehetőségben. Mártózzunk meg abban az elképzelésben, hogy *a nézőpontod teremti a valóságodat.*

Ezalatt azt értem, hogy a gondolataid, érzéseid, elképzeléseid és érzékeléseid összessége teremti meg a világot, amiben élsz, és a tapasztalatokat, amikben részed van.

A valóság nem teremti a nézőpontodat, a nézőpontod teremti a valóságodat. Milyen érzés ez a mondat számodra? Könnyű vagy nehéz?

Milyen lenne, ha a gondolataid, az érzéseid, a nyelvezeted és az érzékeléseid teremtenék a körülötted lévő világot, és azt, ami az életedben megjelenik? Ha ez így lenne, akkor nem lenne magától értetődő, **hogy a nézőpontod megváltoztatásával képes lennél más típusú partnereket találni?**

Voltál már valaha úgy, hogy azt gondoltad vagy mondtad: „Annyira nehéz olyan nőket találni, akik tisztelnek és szeretnek engem?" Fontolóra tudnád venni, hogy ez a nézőpont esetleg hatással van arra, hogy mi jelenik meg számodra? Ha megnézzük, hogy mi van ezalatt a kijelentés alatt – ez gyakran inkább az a nézőpont, hogy *te* nem vagy szerethető illetve értékes.

Mi lenne, ha ezt meg tudnád változtatni? Ez ahhoz a beszélgetéshez kanyarodik vissza, hogy *te* értékeled magadat. Amikor megváltoztatjuk a nézőpontjainkat önmagunkról, akkor megváltoztatjuk a nézőpontjainkat a világról. És aztán a körülöttünk lévő világ meglepő módon egy teljesen más hellyé válik!

Ha az lenne a nézőpontod, hogy értékes és szerethető vagy, és ajándék a világnak (beleértve a nőket is), *akkor* milyen nézőpontod lehetne arról, hogy ki és mi tud megjelenni az életedben? *Milyen elképesztő dolgok történhetnének innen?*

Még akkor is, ha nagyon valószínűtlennek és elrugaszkodottnak tűnik az, hogy egy olyan egyszerű dolog, mint a nézőpontod megváltoztatása át tudná alakítani a valóságodat, arra invitállak, hogy tégy egy próbát, és fordítsd át azokat a kikövetkeztető, negatív gondolatokat valami nyitottabbá, pozitívabbá, mely bővelkedik a lehetőségekben.

HATODIK FEJEZET

TÁPLÁLÓ KAPCSOLATOK TEREMTÉSE

Az úriemberként létezés egyik elképesztő aspektusa az, hogy megvan az erőnk ahhoz, hogy tápláló és tartalmas kapcsolódásokat teremtsünk másokkal. Ez a fejezet arra néz rá, hogy miként tudjuk elengedni a saját korlátozó nézőpontjainkat, átölelni az intimitás öt elemét, és belelépni az igazán fantasztikus és kiteljesedett kapcsolatok lehetőségébe a körülöttünk lévőkkel.

Természetesen egy úriembernek foglalkoznia kell konfliktusokkal és ellenállással is, ezért meg fogjuk nézni, hogy mit tehetünk, amikor ilyen helyzetek bukkannak fel az életünkben.

A fejezet első fele az életünkben lévő férfiakkal való nagyszerű barátságok építésére összpontosít, míg a fejezet második részének eszközei mind a férfiakkal, mind a nőkkel való interakcióidat gazdagítják majd.

Hogyan viszonyul egy úriember a többi férfihoz

Idézd fel még egyszer azt, ahonnan ez a könyv elindult: azt a nyílt és tanulságos beszélgetést Liammel arról, hogy hogyan legyünk férfiak ebben a világban. Különösképp idézd fel a teret, amiben ez a beszélgetés lezajlott – nem a fizikai teret –, hanem a támogató és tápláló teret, mely Liam és általam jött létre és vált lehetségessé.

Liam az intenzív sebezhetőség és intenzív hála teréből beszélt, és én megengedtem magamnak, hogy befogadjam Liam ajándékát, az ő éberségét, és azt, amit kért. Nem állítottunk magunk köré akadályokat, nem húztuk fel az ítélet falait, így a beszélgetés nyílt és támogató volt.

Néhány éve már abban a nagy-nagy áldásban van részem, hogy olyan férfiak barátságát élvezhetem az életemben, akik tényleg mellettem állnak. Ezt az energiát szeretném ebbe a fejezetbe is elhozni. Valójában ez az az energia, ami szeretném, ha az egész könyvet és az egész világot átjárná!

Úriemberekként arra invitállak titeket, hogy felkaroljátok annak a lehetőségét, hogy az életetekben lévő többi férfit támogassátok, hozzájárulás legyetek nekik és hálásak legyetek értük.

Különösképp arra invitállak, hogy abbahagyd, hogy a többi férfit versenytársnak látod, arra invitállak, hogy támogassátok egymást, és hogy elengedjetek minden olyan ítéletet, melyet sztereotípiákra alapozva alkottatok. Nézzünk rá részletesebben mindezekre a lehetőségekre.

Hagyd abba, hogy a többi férfit versenytársnak látod

Ez mindkét irányba igaz, akár éber vagy rá, akár nem. Lesznek férfiak, akiket te látsz versenytársnak, és lesznek férfiak, akik téged látnak versenytársnak.

Arra invitállak, hogy elengedd a rivalizálás bármiféle elképzelését, bármiféle szükséget önmagad bizonyítására, és az önmagad másokhoz való hasonlítgatásának bármilyen formáját. *Mindazt, ami ezt felhozta, isten tudja hányszorosan, elpusztítod és nemteremtetté teszed?* ***Helyes, helytelen, jó, rossz, POD, POC, mind a 9, rövidek, fiúk, túlontúl.***

Érezted már azt az intenzív és elkülönülő érzést, ami bizonyos típusú fickókból árad, akik a jelek szerint azt hiszik, hogy a többi emberrel való interakciónak csupán két, nagyon primitív módja létezik? Tudod, mint az ősemberek: *megmászni vagy megölni.*

Csupán azon tényből kifolyólag, hogy hímnemű vagy, automatikusan konkurenciát jelentesz ennek a típusú fickónak (még akkor is, ha te nem érzed úgy, hogy különösebb fenyegetés lennél számára). Amikor valaki olyannal van dolgod, aki nagyon szeretne a tápláléklánc csúcsán lenni, akkor arra lehetsz figyelmes, hogy a második kategóriába tesz téged: *megölni.*

Hál' istennek civilizált társadalomban élünk. Az alfa a kocsmában, vagy az a bizonyos kolléga az irodában, vagy az a valaki a baráti társaságból nem fog megölni téged, de az illető domináló viselkedése okozhatja azt, hogy a jelenlétében hihetetlenül kicsivé teszed magad.

Mivel nem szeretnél idomulni az ilyen típusú fickók agressziójához, és mivel egyébként mindig is kicsit kívülállónak érezted magad amiatt, hogy mennyire más vagy, lehet az az érzet marad csak számodra, hogy nem tudsz beilleszkedni a többi férfi közé, és hogy nem tudsz nagyszerű kapcsolódásokra szert tenni velük. Mi van, ha létezik egy teljesen más lehetőség?

Ez már téma volt az első fejezetek során, de érdemes még egyszer megemlíteni: a más férfiak jelenlétében érzett „nem-kapcsolódás" bármiféle érzete, a nézőpontjaid, a viselkedésed vagy az energiád mássága nem tesz téged kevesebbé náluk, vagy bármi módon rosszá.

Ezek a különbségek nem jelentik azt sem, hogy ők rosszak lennének. Megengedőnek kell lennünk ezekkel a fickókkal, úgy, ahogy vannak, ítéletek nélkül.

Amikor kikerül az egyenletből az ítélet, minden könnyedebbé válik. Lehetsz egy rendkívül versengő típusú alfával egy légtérben, és igazi úriemberként – ami egyébként vagy – lehetsz te a legpotensebb fickó a teremben. *Ez hogyan lehetséges?*

Mi lenne, ha azt mondanám, hogy mindezeken az akadályokon és falakon át tudsz vágni csupán azáltal, hogy beszélgetésbe elegyedsz a szóban forgó férfival? Ez tényleg lehet ennyire egyenes. Az esetek döntő többségében egy olyan egyszerű dologgal, mint egy köszönés és kézfogás, el lehet oszlatni a macsó versengést.

Egy apró, kedves tett nagy változást tud létrehozni, és úriemberként változást tudsz így teremteni azáltal, hogy megmutatod a többi férfihoz való viszonyulás egy új módjának lehetőségét, még akkor is, ha az illető falakat húzott fel irányodban.

Amikor változást kezdeményezel az energiában, lehet, nem mindig azt a reakciót kapod majd, amit vársz – itt a legfontosabb ezt észben tartani: ha azt választod, hogy tápláló kapcsolataid lesznek az életedben lévő többi férfival, ezt meg tudod teremteni, és ez nem fog függeni attól, hogy egy adott valaki bizonyos módon reagál rád.

Nos, nagyon sok férfi szeretne jó kapcsolatot az apjával, miközben az apjuk igazából egyáltalán nem tápláló, és tulajdonképpen teljesen lefoglalják a saját ítéletei. Ha ez valami olyan, amivel te is küszködsz, akkor arra invitállak, hogy legyen megengedésed azzal, aki az apád, engedj el bármiféle ítéletet vele vagy a viselkedésével kapcsolatban, és engedj el bármiféle elvárást, hogy ez meg fog változni.

Mit mutatott meg az apád neked azáltal, hogy az a férfi és apa, aki? Még akkor is, ha az egyetlen dolog, ami eszedbe jut, hogy megmutatta neked, hogy *hogyan ne legyél* apa, akkor is hálás lehetsz neki.

Támogassátok egymást

Szeretnék megosztani veled egy történetet. Nemrégiben Costa Ricán voltam egy Access Consciousness rendezvényen, amikor is a férfi mosdóban találtam magam négy másik sráccal, akik mind tagjai annak az értékes férfi baráti körnek, akikről néhány oldallal ezelőtt említést tettem.

Beszélgettünk ötösben a versengés lehúzó energiájáról, ami olyan gyakran előfordul a férfiak között, és hogy mennyire érzékeltük mindannyian ennek negativitását a rendezvényen. Ezeken az eseményeken egy általam kifejlesztett modalitással dolgozom, amelyet A létezés energetikai szintézisének neveztem el. Ez annak egy módja, hogy megváltoztassuk és átalakítsuk magát az energiát, amiből működünk, amely beragadva tart minket a létezés korlátozó mintázataiba.

Szóval abban a pillanatban meghívtam ezt a négy férfit, hogy vegyenek részt egy csoportos kezelésen velem… Igazán elképesztő volt. Annyi mindent felszabadítottunk a köztünk lévő versengésből, ami oly sok férfi számára létezik a bolygón, a változás mértéke pedig fenomenális volt. Elképesztő pillanat volt mindannyiunk számára.

A kezelés közben totálisan jelen voltunk egymással, hozzájárultunk egymáshoz, megengedtük, hogy áramoljon a szexualitásunk, totális hálával voltunk egymás iránt, és az egész 150 fős terem energiáját megváltoztattuk. Amolyan „Barátom, itt vagyok, melletted állok" pillanat volt a szó legigazabb értelmében.

Kézzelfogható változást teremtett a több kedvesség, a több törődés és a kevesebb elkülönülés irányába mindenki számára, aki a teremben ült. Mindenkinek. Férfiaknak és nőknek egyaránt. És a legtöbbjük erről később visszajelzést is adott. Öt férfi, azt választva, hogy igazi úriemberek lesznek egymással, 150 ember érzékelését formálták át a valóságról valami nagyszerűbbé, egy óra alatt. Erre mindig emlékezni fogok, és mindig hálás leszek azért, amit azon a napon együtt teremtettünk.

És ha volna bármi, amit ennek a könyvnek a megírásából kérhetnék, akkor az ez lenne: hogy az összes férfi, az összes úriember ilyen módon létezzen egymással, támogatva egymást teljes sebezhetőséggel, teljes jelenléttel, teljes szexualitással és teljes örömmel.

El tudod képzelni, hogy mit tudna ez megváltoztatni a világban, és milyen lehetőségeket nyitna ki? Szóval a kérdésem számodra most ez: *Ha átölelnéd ezt az energiát, a létezés, a sebezhetőség, a potenciál ezen szintjét, és az önmagad és mindenki más támogatásának ezen szintjét, mit lehetne lehetséges megváltoztatni a világunkban? Mindazt, ami nem engedi, hogy ezt érzékeld, tudd, létezd és befogadd, és most tényleg válaszd, hogy legyél, nem számít, hogyan néz ki, nem számít, mibe kerül, elpusztítod és nemteremtetté teszed?* ***Helyes, helytelen, jó, rossz, POD, POC, mind a 9, rövidek, fiúk, túlontúl.***

Felejtsd el a sztereotípiákat

Mi van, ha az a sörözö, focit néző, hangoskodó fickó a kocsmában, aki pont úgy néz ki, és pont úgy viselkedik, mint egy alfa, valójában egy nagyon rendes srác? Mi van, ha lehet hangos, szeretheti a sört, szeretheti a sportot *és* lehet kedves, törődő és tápláló?

Tulajdonképpen annyira nem számít, hogy ő „rendes srác"-e vagy sem. A kulcs az, hogy ne alkossunk ítéletet róla, mert ahogy felfedeztük, az ítéletek bármiféle fajtái – magunkról, a körülöttünk lévő világról – korlátoznak minket és elkülönülést teremtenek.

Arra invitállak, hogy bármennyire is különbözőnek látod magadat tőlük, és dacára annak, amilyen típusú energiát hoznak a térbe, engedd el a többi férfihoz kapcsolt bármiféle ítéletedet. Akár ellenszenvesnek vagy fennhéjázónak érzékelsz egy másik férfit, akár a skála másik végén – félénknek és gyengének –, engedd el az ítéleteket.

Próbáld ki ezt: *Hány ítéleted, döntésed, következtetésed és kiszámításod van arról, hogy mi igazából egy férfi, és mi egy úriember? Mindent, ami ez, isten tudja hányszorosan, elpusztítod és nemteremtetté teszed?* ***Helyes, helytelen, jó, rossz, POD, POC, mind a 9, rövidek, fiúk, túlontúl.***

Amikor megítélünk egy másik személyt, akkor egy dobozba tesszük őt, és amint ebben a dobozban van az illető, nehéz lehet másnak látnunk őt, mint a címke, amit hozzá csatoltunk. Ugyanez igaz saját magunkra. Ezért invitáltalak téged a 3. fejezetben (és a könyv különböző pontjain) arra, hogy elengedj bármiféle ítéletet magadról.

Amikor nincsen helyes, nincsen helytelen, mi egyéb lehetséges? Amikor igazi úriemberként állsz az erődben, akkor képes vagy egy légtérben lenni csupa olyan férfival, akik versenyben érzik magukat veled, úgy, hogy egyáltalán semmi problémád nincs ezzel – vagy velük.

Amint elengeded a verseny mindenfajta elképzelését, és elengeded az összes ítéletet, képes leszel megfigyelni másokban ezt a viselkedést, hozzáállást és energiát, és ez semmiféle jelentéssel nem bír majd számodra.

Másrészről – és ez az, ami engem igazán izgat – amikor majd más keresők társaságában leszel, akkor igazi ajándék tudsz lenni ezeknek a férfitársaidnak. Mivel önmagát és másokat tiszteletben tartó férfi vagy, létre tudsz hozni egy korlátok nélküli teret, melyben elképesztő barátságok bontakozhatnak ki.

Hogyan lehetne ez még ennél is jobb?

És most akkor valami teljesen más...

Olykor a férfiak közötti verseny annak eredményeként alakul ki, hogy néhány férfi igazából szexelni szeretne egymással, de azt nem lehet, így ezt az energiát haraggá és versennyé alakítják át. Ezt nem könnyű elismerni vagy elfogadni, ha az ember heteroszexuálisként nőtt fel, mert rengeteg ítélet kapcsolódik hozzá.

Ez, mint lehetőség, hogy hangzik neked? Lehetséges, hogy az általad tapasztalt versengés egy része a vágyhoz kapcsolódik? Ha ez könnyű, akkor azt javaslom, futtasd ezt:

Abból, amit más férfiak versengésként csinálnak, valójában mennyi az irántad érzett vonzódás, a rád való beindulás, de ezt nem kaphatják meg, ezért utálniuk kell téged, hogy kellő távolságban tartsanak? Mindazt, ami ezt felhozta, isten tudja hányszorosan, elpusztítod és nemteremtetté teszed? ***Helyes, helytelen, jó, rossz, POD, POC, mind a 9, rövidek, fiúk, túlontúl.***

Ezek a tisztítások nagyon hasznosak, mert lehetővé teszik az energia szabad áramlását más férfiakkal. A korábban merev nézőpontjaid feloldása nem jelenti azt, hogy meleg vagy, és nem jelenti azt, hogy szexelned kell más férfiakkal. Ilyenkor egyszerűen elismered, hogy ott van az energia, hogy ott lehet, és hogy ez rendben van.

Nem kell elzárnod, nem kell kizárnod ezeket a férfiakat az életedből, és nem kell lezárnod magadat. És nem kell, hogy a hatása legyél az ő csaknem szó szerinti vágyuknak arra, hogy ezzel harcoljanak.

Ez az éberség sok évvel ezelőtt jött be a világomba. Néhány nő, a barátaim, akik szintén az Access Consciousness-szel foglalkoznak, egyik este elmentek vacsorázni, és látták, amint két fickó összeverekszik. Mivel mindannyian az Accessben vannak, inkább megfigyelték a helyzetet, mintsem hogy kikövetkeztetésbe mentek volna.

Elmondták, hogy számukra energetikailag nyilvánvaló volt, hogy a két fickó valójában szexelni akart egymással, de nem tudták megengedni maguknak, hogy odáig eljussanak, ezért egy másik megnyilvánulási formát találtak ennek az intenzív energiának, valamint a verekedés által módot is arra, hogy bizonyítsák, nincs bennük ilyen energia a másik irányában.

Nos, néhányatok számára ez nagyon érdekes látásmódnak tűnhet. Tulajdonképpen a könyv szerkesztője megkérdezett, hogy ezt benne akarom-e hagyni a könyvben. Igent mondtam, mert a férfi-férfi kapcsolatok ezen sajátos aspektusát nehéz lehet megérteni, főleg a magukat „heteroszexuálisnak" valló férfiak esetében. És azt vettem észre, hogy a több éberség több tisztánlátást és könnyedséget szül. És néhányatok számára ez a bizonyos rész már megérte a könyv árát, és az olvasására fordított időt.

Ez az energia egyébként nagyon hasonlít ahhoz az energiához, ami a versenyt és az elkülönülést hozza létre a férfiak között. Szóval, ha van egy bizonyos férfi, aki valahogy folyamatosan verseng veled vagy lenyomni próbál, akkor lehet, hogy valójában vonzódik hozzád, és nem hajlandó megengedni magának ezt az energiát, ezért bizonyítania kell, hogy nincs benne ilyen, azáltal, hogy megteremti a veled való harc energiáját.

A legfontosabb kérdés az, hogy: *„Mihez kezdjek ezzel?"*

1. Kezdd azzal, hogy elismered. Azáltal, hogy elismered, kikerülsz a téged beragasztó hazugságból. Ne feledd, a hazugságnak mindig nehéz érzete van. A hazugság elismerése lehetővé teszi számodra, hogy érzékeld, mi az igaz, és megkönnyebbülsz.

2. Ezután érdemes használnod a könyv korábbi részében bemutatott *Érdekes nézőpont* eszközt.
3. Utána futtasd ezeket a tisztításokat, hogy elkezdd megváltoztatni a téged beragasztó dolog energiáját:

Kinek a hazugságait és milyen hazugságokat használok, hogy a más férfiaktól felém és a testem felé irányuló viszonzatlan, el nem ismert vágy hatása legyek, amit választok? Mindent, ami ez, isten tudja hányszorosan, elpusztítod és nemteremtetté teszed? ***Helyes, helytelen, jó, rossz, POD, POC, mind a 9, rövidek, fiúk, túlontúl.***

Milyen energia, térűr és tudatosság lehetek, hogy teljes tisztánlátásom és könnyedségem legyen mindezzel? Mindent, ami ez, isten tudja hányszorosan, elpusztítod és nemteremtetté teszed? ***Helyes, helytelen, jó, rossz, POD, POC, mind a 9, rövidek, fiúk, túlontúl.***

Ne feledd, ez lehet, nem változtatja meg azt, ami bennük zajlik, de el fogja kezdeni könnyebbé tenni számodra a dolgokat, mert így annak éberségéből működsz, ami valójában van, ahelyett, hogy megpróbálnád valami olyanként értelmezni, ami nem az.

Hogyan kommunikál egy úriember

Itt az idő átlépnünk a fejezet második felébe, ahol a férfiak közötti barátságokat beárnyékoló dolgok után rátérünk arra, hogy miként tudunk úriemberekként tápláló kapcsolatokat kialakítani az életünkben lévő férfiakkal és nőkkel.

Szóval hogyan jut el ide az ember? Egy kulcsfontosságú dolgot igényel: **megengedni az embereknek, hogy meglegyen a saját nézőpontjuk.** Még jóval ezelőtt, a 2. fejezetben használtam a 360 kilós gorilla hasonlatot: *Ez nem arról szól, hogy te vagy a legnagyobb és legerősebb fickó, mert amikor önmagadként létezel, akkor nem kell erőszakot vagy megfélemlítést alkalmaznod ahhoz, hogy megértesd magad.*

A 360 kilós gorillának nem kell mindenkire ráerőltetnie az akaratát. Úriemberként nem azzal szerzel befolyást, hogy mindenkit ráveszel a veled való egyetértésre. Ehelyett két nagyszerű dologgá válhatsz: *egy másfajta lehetőség kényszerítő forrásává, és egy másfajta lehetőség kényszerítő erejévé.*

Megengeded másoknak, hogy meglegyen a saját nézőpontjuk. És ha egy olyan nézőpontot választanak, ami korlátozott, vagy bántó más emberek számára, akkor jó eséllyel természetes módon el fognak távolodni a lehetőség terétől, amit létrehoztál. Ha nem így tesznek, akkor használhatod a következő rész lépéseit, melyekkel bármilyen felmerülő konfliktust kezelni tudsz.

Konfliktusok kezelése úriemberként

Konfliktus akkor jön létre, amikor két ember ellenkező nézőponttal rendelkezik. Még akkor is, amikor már ügyesen tudsz megengedésben lenni mások nézőpontjaival, akkor sem tudod az embereket megakadályozni abban, hogy megpróbálják rád erőltetni a nézőpontjaikat. Tehát hogyan tudjuk úriemberekként kezelni a konfliktusokat?

Nézzünk rá részletesebben, hogy miként működnek valójában konfliktusok. A konfliktusokban két polaritás van jelen:

A pozitív polaritás: ahol egyetértesz egy nézőponttal.

A negatív polaritás: ahol ellenállsz és reakcióba mész egy nézőponttal.

Nézzünk meg egy példát. A lakótársad nézőpontja vagy a feleséged nézőpontja vagy a testvéred nézőpontja – vagy akivel épp együtt élsz – az, hogy te sose viszed le a szemetet. Te nem értesz egyet ezzel. A lakótársad a pozitív polaritásban van (ő egyetért a nézőponttal), te pedig a negatív polaritásban (te nem értesz ezzel egyet). Ebben a helyzetben mindketten be vagytok ragadva a saját oldalatokra, meglehet olyan erősen ragaszkodva hozzá, ahogyan csak tudtok, és így semmi szabadság és semmi esély nincs arra, hogy innen működjön a dolog.

Tehát miként tudunk kezelni egy ilyen szituációt? A konfliktusok kezelésének első lépése az, hogy felismerjük, hogy amikor nem értünk egyet valaki nézőpontjával, akkor azonnal ellenállás és reakció üzemmódba kapcsolunk. Ellenállunk az illető nézőpontjának, és egy ellene irányuló reakcióba megyünk.

A kulcs itt ennek az ellenállásnak az elengedése. Ne állj ellen a ténynek, hogy ez a személy ezzel a bizonyos nézőponttal rendelkezik, és ne állj ellen annak, hogy az illető harcol azért, hogy te egyetérts vele. Az ellenállás tényleg nem segít.

Az ellenállás helyett arra invitállak, hogy használd ezt az Access Consciousness eszközt: *Érdekes nézőpont. Van egy ilyen nézőpontom.*

Ha valakivel épp konfliktusod van az életed bármelyik területén, arra invitállak, hogy gondolj egy pillanat erejéig most erre a konfliktusra. Érezd az energiáját, és egyszerűen mondd ki ezt hangosan: *Érdekes nézőpont. Van egy ilyen nézőpontom.*

Általában már egy ismétlés is elkezdi kicsit megváltoztatni az energiát. Na még egyszer: *Érdekes nézőpont. Van egy ilyen nézőpontom.*

Változott még egy kicsit?

Érdekes nézőpont. Van egy ilyen nézőpontom. Érdekes nézőpont. Van egy ilyen nézőpontom. Érdekes nézőpont. Van egy ilyen nézőpontom.

Vedd észre ezeket a változásokat az energiában. Egyébként igazi úriemberként fokozottan éber vagy az energiákra minden szituációban, aminek résztvevője vagy, és ugyancsak fokozottan éber vagy minden személy energiájára, akivel interakcióba lépsz.

Sajnos ez, habár fel kéne szabadítson és a nagyszerűség felé kéne vezessen minket, a konfliktusos helyzetekben gyakran inkább beragaszt. Ha a konfliktus másik résztvevője elkezd túlságosan feszültté válni, mi ezt érzékeljük, és amikor ezzel ellenállásba megyünk, beragadunk. Az „érdekes nézőpont" elismeri, hogy konfliktus van, és lehetővé teszi, hogy kikerülj belőle.

Miután használtad az „érdekes nézőpont" eszközt, felteheted magadnak a következő négy kérdést. Ezúttal is arra kérlek, hogy gondolj egy konkrét konfliktusra, amely most jelen van az életedben, miközben ránézel ezekre:

Mi ez? (azaz: *Mi zajlik itt valójában?)*
Mit tegyek vele? (azaz: *Hogyan tudom ezt kezelni?)*
Meg tudom változtatni?
És aztán ha igent kapsz válaszként...
Hogyan változtatom meg?

Ezek a kérdések hihetetlenül hasznosak, és lehetővé teszik, hogy egy másfajta megértésre tegyél szert azzal kapcsolatban, ami ott zajlik, és hogy mit tudsz tenni ennek vonatkozásában.

Ismerd el, amikor tévedsz

A konfliktus valami olyannak az eredménye, amit mondtál vagy tettél? Ha igazán őszinte vagy, jó ötlet volt azt a dolgot mondani vagy megtenni? Halandó vagy bocsánatot kérni? Egy úriember hajlandó elismerni, amikor tévedett, és ez az egyik legnagyszerűbb ajándék tud lenni, amit magadnak és a veled kapcsolatban lévő embereknek adhatsz.

Amikor elismerjük, hogy tévedtünk, valami gyönyörű dolog történik: kivesszük magunkat arról a helyről, ahol az igazunkat próbáltuk bizonygatni. Ha azon kapod magad, hogy egy konfliktus kapcsán nagyon ragaszkodsz egy nézőponthoz, akkor állj meg egy pillanatra, és nézz rá, hogy ennek a nagy ragaszkodásnak milyen hatásai vannak. Annyira rossz lenne, ha *nem* lenne igazad?

Mi van, ha azt mondom, hogy vagy igazad lehet, vagy lehetsz szabad és boldog – mit szeretnél választani?

A következőképp lehetsz szabad.

Mondd ezt: *Sajnálom. Tévedtem. Mit tehetek, hogy helyrehozzam az okozott kárt?* Ezt teljes sebezhetőségből ismerd el. Íme még egyszer: *Sajnálom. Tévedtem. Mit tehetek, hogy helyrehozzam az okozott kárt?*

Gyakran csupán ezen kérdés feltevése kinyit egy ajtót, és a konfliktus feloldódik. Néha mindössze az elismerés és a bocsánatkérés az, amire a másik személynek szüksége van. Néha a bocsánatkérésed akár meg is változtatja a nézőpontját. A szituációt vizsgálva akár ki is lép az „igazam van – nincs igazad" látásmódból, és elismeri, hogy egyikőtök sem tévedett, egyszerűen két különböző nézőponton vagytok. Ez igazán felszabadító dolog tud lenni.

Akkor sosincs igazad? Nem feltétlenül. Akkor mindig igazad van? Nem feltétlenül. De ha nem kell, hogy igazad legyen, és nem kell, hogy tévedj, akkor teljesen szabad tudsz lenni.

Az *„Érdekes nézőpont"* és a *„Sajnálom. Tévedtem. Mit tehetek, hogy helyrehozzam az okozott kárt?"* két olyan eszköz, amelyek hatalmas változást képesek létrehozni a kapcsolataidban, és arra buzdítalak, hogy használd őket. Ismerd fel, hogy úriemberként minden helyzetben te vagy a potens fél. Tulajdonképpen te lehetsz a varázsló a teremben, ***ha választod, hogy az leszel.***

Az intimitás öt eleme

Úgy hiszem, hogy az intimitás ebből az öt alkotóelemből áll össze: tiszteletben tartás, bizalom, megengedés, sebezhetőség és hála. Azt is hiszem, hogy ha ebből az öt elemből működik az ember, akkor tartalmas, tápláló, csodálatos és kiterjesztő kapcsolatokra tehet szert férfiakkal, nőkkel és saját magával.

Amikor úriemberként az intimitás öt eleméből működünk, akkor **tiszteletben tartjuk** magunkat, **sebezhetőek** vagyunk, **bízunk** magunkban, és megengedjük a többi embernek, hogy azok legyenek, akik. Rendelkezünk a **hála** érzetével, és **megengedésben vagyunk** bárkivel, akivel szóba elegyedünk.

Később, a 8. fejezet – A saját utad kijelölése során ránézünk majd arra, hogy az intimitás öt elemének felkarolása által hogyan tudsz arra a munkára építeni, amit önmagad tiszteletben tartásáért végzel, és így intimitással lenni magad felé. Itt most nézzünk rá erre az öt elemre a másokkal való interakcióid vonatkozásában.

Tiszteletben tartás

Észrevetted már, hogy a „tiszteletben tartás" hány alkalommal előkerült már ennek a könyvnek a lapjain? Még a 3. fejezetben ránéztünk, hogy úriemberként mennyire fontos önmagunkat tiszteletben tartanunk, és most itt az ideje ezt egy kicsit kiszélesíteni, és a tiszteletben tartás ezen érzetét belevinni a másokkal való kapcsolatainkba.

Egész egyszerűen amikor egy úriember interakcióban van valakivel, tiszteletben tartja őt. Tisztelettel bánik másokkal. Ettől egyébként kitűnik a többiek közül, mert – nézzünk szembe a tényekkel – egy olyan világban élünk, ahol ritka dolognak számít az, ha valaki tisztelettel bánik másokkal. Időt szakítani valakire, és ott lenni vele – jelenléttel – az egyik olyan dolog, amivel a leginkább tiszteletben tarthatjuk a másikat.

Ez tényleg ennyire egyszerű és ennyire szép. És ennyire könnyű is. Legyél teljesen jelen azzal a személlyel, akivel vagy, és azzal, amin keresztülmegy. Legyél figyelmes, és legyél hajlandó felismerni, hogy hozzájárulás tudsz-e lenni neki, és ha igen, akkor ez valami olyan-e, amit be tud fogadni tőled.

Bizalom

Bízz abban, hogy akárkivel is vagy, az az illető úgy fog megjelenni, ahogy – és ne próbáld megváltoztatni őt. Bízz abban, hogy tudja, mi a legjobb neki, még azokban az esetekben is, amikor számodra úgy tűnik, hogy nem. Arra invitállak, hogy szállj ki abból, hogy megpróbálod „jobbá" tenni, vagy megpróbálod „fejleszteni" az alapján, ami szerinted a legjobb neki. Ez nem tartja őt tiszteletben, és azt, hogy van választása. Az igazi bizalom azt kívánja, hogy megengedésed is legyen: amikor bízol valakiben, akkor nincsen ítéleted, nincsen következtetésed és nincs nézőpontod a választásaival kapcsolatban.

Megengedés

Amikor megengedésben vagy valakivel, az illető minden választása egy érdekes nézőpont. Semmi sem helyes vagy helytelen, és nincsenek ítéletek. A megengedés és az ítélet nem képes egyszerre létezni, és az intimitás nem lehetséges akkor, amikor ítélet van jelen.

Igazából amikor ítélkezésbe mész, akkor az olyan, mintha egy nagy falat emelnél magad köré, ami nem engedi, hogy magadat vagy másokat beengedj, hogy rendelkezzenek a világban való létezés azon másfajta terével, amit az igazi intimitás teremt.

Sebezhetőség

Azt tanuljuk, hogy a sebezhetőséget gyengeségnek lássuk, és mint olyan, ennek az energiának az elkerülését nevelik belénk. Nem akarunk sérülni, erősnek akarunk látszani, ezért falakat építünk magunk köré. Az általános gondolkodásmóddal ellentétben a sebezhetőség nem gyengeség – valójában a legnagyobb potenciál, ami létezik.

Amikor igazán hajlandó vagy falak nélkül lenni valakivel, akkor egy másfajta lehetőséget teremtesz nem csak magadnak, hanem annak is, akivel vagy. Totális megengedéssel és totális éberséggel vagy képes teljesen jelen lenni vele, és ebből a térből fenomenális ajándék és hozzájárulás tudsz lenni a másik számára. Sebezhetőnek lenni magaddal és másokkal egy olyan tér, ahol csodák kezdődhetnek! És *ez*, barátom, az úriemberként létezés igazi potenciálja!

Hála

A hála ugyancsak egy tér, ahol az ítélet nem képes létezni. *Vagy hálás lehetsz valakiért vagy valamiért, vagy megítélhetsz valakit vagy valamit.*

Nem számít, hogy valaki más hogyan viselkedik veled, vagy hogy áll hozzád – akár totális ítélkezésben is lehet veled kapcsolatban, és így is teljes hálával rendelkezhetsz iránta.

Ez mennyire menő már? Ez mennyire potens, erőteljes és kiterjesztő?

Látod már, hogy az intimitás ezen elemei hogyan épülnek egymásra és igénylik egymást? Nem rendelkezhetsz hálával megengedés nélkül – és amikor hálás vagy mindenért, akkor a sebezhetőség egy olyan terével rendelkezel, amely potens és inspiráló.

A bizalom és a tiszteletben tartás nem létezhet megengedés nélkül – és tehet mindent nagyszerűbbé az életedben és a kapcsolataidban. Az intimitás öt eleme a létezés egy tere, mely megváltoztatja a világot – valamint egy tér, amiből az igazi úriember könnyedén működik.

Az intimitás öt elemével bármit meg lehet teremteni és változtatni – és nélkülük, nos, visszaugrunk ahhoz a fickóhoz, akit a könyv elején leírtam.

Másrészről észrevetted, hogy az intimitásról való beszélgetésünk során nem említettük a közösülést? Ez azért van, mert az intimitásnak semmi köze a közösüléshez, ellentétben azzal a gyakran hangoztatott elképzeléssel, hogy amikor az emberek szexelnek, az „intimitás". Mondjuk, ha választanád, hogy ez az öt elem leszel közösülés közben, mennyivel királyabb lehetne a közösülés?

Ismerd fel az ajándékot, ami vagy

A 3. fejezetben ránéztünk, hogy egy adott dolog elismerése, mint amikor észreveszed, hogy hol jelensz meg már most úriemberként az életedben, lehetővé teszi, hogy az megerősödjön.

Most szeretném megkérdezni, hogy hogyan szoktál reagálni, amikor valaki elismer valamit veled kapcsolatban? Milyen könnyen tudod ezt befogadni? Amikor valaki azt mondja, hogy jól nézel ki, vagy hogy nagyon tetszik neki a pulcsid, vagy hogy hihetetlenül vicces vagy figyelmes vagy – hogyan reagálsz? Hogyan szoktad ezt fogadni?

Azért kérdezem, mert a Liammel való beszélgetésem során először volt egy kis gondom azzal, hogy befogadjam azt, amit mond. Meglepett, hogy annak példájaként látott engem, hogy hogyan legyen az ember úriember, és valahogy úgy fejeztem ki a meglepettségemet, hogy „Micsoda, tényleg?!"

Gyakran nehéz befogadni a hálát vagy az elismerést valakitől, mert be vagyunk ragadva abba, ahogyan a múltban láttuk magunkat; ez az, ami abban a pillanatban velem történt Liam esetében. Anélkül, hogy tudatában lettem volna, egy részem még mindig bevette a régi hiedelmeket és nézőpontokat, amikkel fiatal férfiként vagy akár gyerekként rendelkeztem.

Kisfiúként úgy éreztem, hogy nincs értékem, tehát azt hallani, hogy van – és befogadni, hogy van – nem volt könnyű elsőre, de amint megengedtem magamnak, hogy befogadjam, amit Liam mondott, az egy igazi megvilágosodás pillanat volt. *Azta!* – gondoltam – *Nem is vettem észre, hogy mennyi minden megváltozott számomra!* Szóval, amikor ezekben a fenomenális és másfajta beszélgetésekben találod magad (márpedig fogod), engedd meg magadnak, hogy befogadd azt, amit mások elismernek veled kapcsolatban.

Hajlandó lennél azt is elismerni, hogy ajándék vagy? Itt és most?

Neked, csupán azáltal, hogy önmagad vagy, egyedi lehetőséged adódhat arra, hogy hozzáadj valamit valaki világához, ami majd nagyszerűbbé teszi az életét. Amikor látod, hogy mire van szüksége a másiknak vagy mit igényel, kérdezd meg magadtól, hogy hajlandó vagy-e ezt megadni neki. Tedd fel a kérdést: *Mit fog ez teremteni az én életemben, az ő életében, és a világban, most és a jövőben?*

Ha elkezdesz ebből a térből működni, akkor elkezded más helyről szemlélni a világot. A legtöbbünk ellenáll annak, amire az embereknek szüksége van. Ellenállunk annak, amire vágynak tőlünk, mintha ezáltal valahogyan elvennének tőlünk. Mi van, ha ez nem így van?

Mi van, ha van egy egyedi képességed, hogy valami olyat ajándékozz, ami nagyszerűbbé teszi valaki életét, csak még nem tudja, hogyan kérje azt?

Úriemberként megvan a képességed, hogy a legjobbat keresd az emberekben, és megvan az erőd, hogy ezt kihozd belőlük. Ha ezt elkezded megélni, akár csak egy kicsit, akkor elkezded felismerni az ajándékot, ami az emberek életében és a világban lehetsz. És ha kívánhatnék egy dolgot neked, pont ez lenne az. Ismerd fel, hogy ajándék vagy, úgy, ahogy vagy – itt és most.

Harmadik rész

A JÖVŐD ÚRIEMBERKÉNT

Arra szeretnélek invitálni, hogy állj meg egy pillanatra, vegyél egy mély lélegzetet, ahogy az Első rész és a Második rész között tettük, és ismerd el, hogy hol vagy és merre tartasz.

A könyv Első része javarészt ránk fókuszált, a bennünk lévő úriember újbóli felfedezésére és felkarolására.

A Második rész során a fókusz kiszélesedett, mivel láttuk, hogy úriemberekként megvan a képességünk átölelni a szexuális energiánkat, és csodálatos kapcsolatokkal és barátságokkal rendelkezni a körülöttünk lévőkkel.

Most, ahogyan belépünk a Harmadik részbe – A jövőd úriemberként –, rá fogunk nézni, hogy miként lehetsz inspiráció forrása a következő generációnak, és miként tudod mozgósítani a saját, egyedi erődet, hogy kijelöld a saját utadat ebben a világban, úriemberként.

Itt és most újfent arra invitállak, hogy eltűnődj a következőn:

Mi lehetséges innentől? Mi mást tudok teremteni?

HETEDIK FEJEZET

A KÖVETKEZŐ GENERÁCIÓ FELNEVELÉSE

Kérlek, tudd, hogy a következő generáció inspirálásához egyáltalán nem kell, hogy saját gyerekeid legyenek. Nem kell, hogy akár folyamatosan, akár időszakosan jelen legyenek gyerekek az életedben unokaöcsök, unokahúgok vagy bármilyen más formában ahhoz, hogy egyfajta iránymutatásként szolgálj a nálad fiatalabbaknak. Tulajdonképpen azoknak a köre, akikre inspiráló erőként hatsz, nem csak a nálad fiatalabbakra korlátozódik – abszolút lehetséges, hogy nálad 20, 30 vagy 40 évvel idősebb embereket inspirálj. *Hogyan? Úgy, hogy egy új lehetőséget mutatsz, a létezés egy új módját.*

Úriemberként azt választottad, hogy egy másfajta férfi leszel ebben a valóságban. Önmagában ez a választás, ez a hajlandóság arra, hogy más legyél, vezetővé tesz ebben a világban.

Egy olyan férfi vagy, aki képes kijelölni a saját útját, miközben inspiráció is mások számára az útja során. Ebben az a csodálatos, hogy egy úriembernek valójában nagyon könnyű másokat inspirálnia. Ez jön magától, kevés erőfeszítéssel, mindenféle erőlködés nélkül.

Ezt figyelemben tartva a következő dolog megfontolására invitállak: *Jelenleg hogyan jelensz meg inspirációforrásként másoknak az életedben?*

A 6. fejezet vége felé arra invitáltalak, hogy felismerd, ahogyan te, úriemberként meg tudod teremteni a tápláló kapcsolatok lehetőségét, amitől pedig hatalmas ajándékká válhatsz a körülötted lévők számára. Lenne kedved rászánni egy percet és elismerni ezt? Ne feledd – az elismerés növekedésnek indítja a dolgokat!

Gondolj egy olyan esetre, ahol pozitív módon tudtál hozzájárulás lenni valaki életéhez vagy napjához vagy órájához vagy percéhez. Gondolj egy olyan esetre, ahol képes voltál meglátni, hogy a másiknak mire van szüksége tőled, és hajlandó voltál megadni neki azt a dolgot.

Itt egy röpke példa a saját életemből. Egyszer épp egy hotelban voltam, amikor az akkor még kisgyerek unokaöcsém megkérdezte, hogy van-e kedvem játszani vele. „Persze!" – válaszoltam, és el is kezdtünk játszani. Ez nagyrészt abból állt, hogy körbe-körbe rohangáltunk a hotelszobában, újra és újra.

Ő is jól szórakozott, én is jól szórakoztam, és az emberek, akik ennek szemtanúi voltak is jól szórakoztak. A dolog nagyon egyszerű volt: láttam, hogy mit igényelt a világában, és hajlandó voltam ezt megadni neki. (Az esetről készült videó végül a vlogomon kötött ki, mert annyira jól éreztük magunkat! És megosztotta velem a szupererőből való futás különleges titkát! Ez a titok hatalmas meglepetésként ért, de hogy megtudd, mi volt az, meg kell nézned a videót. Egyébként öt éves volt akkor, szóval nem egy új, szuper étrendkiegészítőről van szó. Egy átlagos, mindennapos tárgy.)

Látni, hogy mások mit igényelnek tőled, és meghozni a választást, hogy ezt – amikor tudod – megadod nekik, az egyik módja annak, ahogyan te, úriemberként, ajándék lehetsz mások számára. Kérlek, tudd, hogy megvan az erőd és a képességed ahhoz, hogy hozzájárulás legyél a körülötted lévőknek, és inspiráld őket.

A gyerekek ébersége

Emlékszel rá, hogy gyerekként hogyan alakítottad ki az identitásodat? Hogyan tettél szert önmagad érzetére? Megmutatta neked a szülőd vagy gondviselőd az összes alternatívát, akivé válhatsz? Vagy megmondta neked, utasított arra, akinek lenned *kéne*?

Ha az enyémhez hasonló nevelést kaptál (ami sokunkéhoz hasonlatos ezen a bolygón), akkor van rá esély, hogy még azelőtt, hogy beszélni kezdtél volna, kialakításra vagy átadásra került az identitásod, és annak érzete, aki vagy. Ha belegondolsz, ez kissé kusza dolog, mert esélyünk sem volt rá, hogy *megválasszuk*, kivé válunk – vagy hogy érzékeljük, kik is vagyunk valójában, és azok *legyünk*!

Egyszerűen azon kaptuk magunkat, hogy azok vagyunk, amit mindenki más mondott, hogy vagyunk, míg el nem jutottunk arra a pontra, ahol eltűnődtünk, hogy mi a fene is történt, és feltettük magunknak a kérdést: *„Hogy jutottam ide?"*

A válasz az, hogy az útmutatást a körülöttünk lévőktől kaptuk: a szüleinktől, a nagyszüleinktől, a testvéreinktől, vagy attól, aki nevelt minket vagy hozzájárult a nevelésünkhöz. Összegyűjtöttük az ítéleteiket, a nézőpontjaikat, a korlátozásaikat, és ez alapján kezdtük el megteremteni magunkat és az életünket, és nem az alapján, ami igaz nekünk és ránk.

Ennek tudatában arra invitállak, hogy futtasd ezt: *Hány kivetítést, elvárást, elkülönülést, ítéletet és visszautasítást szedtem össze az Anyám világában, az Apám világában, a többi férfitól az életemben és a többi nőtől az életemben, amik meghatározták, hogy ki, mi, miért, mikor és ki vagyok férfiként és úriemberként, és ki, mi, miért, mikor és ki nem vagyok és nem lehetek férfiként és úriemberként? Mindent, ami ez, isten tudja hányszorosan, elpusztítod és nemteremtetté teszed?* ***Helyes, helytelen, jó, rossz, POD, POC, mind a 9, rövidek, fiúk, túlontúl.***

A saját gyerekeink nevelésénél vagy az életünkben lévő gyerekekkel – unokaöcsökkel, unokahúgokkal, a családi barátokkal – folytatott interakciók során fel kell ismerjük, hogy **ők éberek**.

Gyakran azt feltételezzük, hogy az éberség valami olyan, ami a gyerekek felnőtté válásakor kapcsol be. Ez nem így van. A gyerekek a születésük pillanatától kezdve éberek. Gondolj csak arra, ahogy a kisbabák tudják, hogy egy bizonyos sírás, egy bizonyos hangmagasságon egy szempillantás alatt fel fogja kelteni a szüleik figyelmét. A babának már a nyelv elsajátítása előtt van ébersége.

Az egyik legnagyszerűbb ajándék, amit bármilyen fiatalnak adhatunk az, hogy elismerjük, hogy rendelkezik éberséggel. Ez megalapozza az elismerést, hogy ő egy ajándék, ebből kifolyólag pedig a lehetőségeit annak, amivé válhat. Lehetsz szülő, gondviselő, nagybácsi, tanár vagy barát – ez egy csodálatos ajándék bárki számára.

A következő generáció inspirálása

Milyenek lehetünk az életünkben lévő gyerekekkel? Mit tudunk megmutatni azoknak a gyerekeknek, akik felnéznek ránk?

Először meg kell értened, hogy a gyerekek útmutatást remélnek a felnőttektől. Minket nézve alakítják ki a viselkedésüket. Habár a beszélgetés ebben a fejezetben mind a fiúk, mind a lányok nevelésére érvényes, hasznos elismernünk és felismernünk itt azt a hatást, amit mi, úriemberekként gyakorolhatunk az életünkben lévő fiúkra és fiatal férfiakra.

Tudjuk úgy alakítani a viselkedésünket (ez valamelyest mesterkélten hangzik, de valójában nagyon is természetes), hogy ezeknek a fiatal srácoknak meg tudjuk mutatni annak lehetőségét, amiként létezhetnek és amit teremthetnek – mindezt azáltal, hogy egész egyszerűen önmagunk vagyunk.

Tehát egyszerűen és gyönyörűen szólva, ha az igazi úriemberként létezel, aki vagy, ha megjeleníted mindazokat az elemeket, amiket a könyvben eddig átbeszéltünk, ha tiszteletben tartod magad és tiszteletben tartasz másokat, ha megengedésben vagy és ítélkezésen kívül, akkor máris hatalmas mennyiségű lehetőséget mutatsz meg az életedben lévő fiatal férfiaknak. Már hozzájárulsz ahhoz, hogy ők valami nagyszerűbbek legyenek ebben a világban.

Ássunk egy kicsit mélyebbre, foglalkozzunk ezzel kicsit részletesebben, és nézzünk rá a konkrét ajándékokra, amiket mi, úriemberekként adhatunk az életünkben lévő gyerekeknek.

1. ajándék: Szabadság

Amikor megadjuk a gyerekeinknek a szabadságot arra, hogy hibázzanak, akkor az egyik legnagyszerűbb ajándékot adjuk nekik, amit az életben kaphatnak. És ha nem tesszük őket rosszá, amikor hibát vétenek, még akkor sem, amikor valami olyat választanak, ami számunkra kolosszális hibának tűnik, akkor tényleg megadjuk nekik a szabadságot, hogy saját maguk válasszanak, *és hogy tudják, nem lesznek rosszá téve a választásaik miatt.* Ha visszanézel a saját gyerekkorodra, rosszá tettek valaha is bármelyik választásod miatt? Lehet, hogy rosszá tettek amiatt, mert azt választottad, hogy nem tanulsz olyan szorgalmasan, mint az apád szerint kellett volna – vagy lehet, hogy jobb tanuló voltál, mint bárki más azelőtt a családodban, és ezt rossznak és furcsának találták. Lehet, hogy az anyukád nem díjazta, hogy mikor kelsz reggelente, vagy a barátaidat, akikkel a szabadidődet töltötted, vagy a ruhákat, amiket hordtál.

Vagy valami nagyobbat, mint például a szexualitásod, vagy valami kisebbet, mint mondjuk, hogy milyen gyakran mostál hajat. Ha ezek közül bármelyik vonatkozik rád – futtasd ezeket a tisztításokat:

Mindenhol, ahol erősen rosszá tettek a választásokért, amiket meghoztam, annyira rosszá, hogy többé már nem akarok választásokat hozni, mindezt elpusztítod és nemteremtetté teszed? ***Helyes, helytelen, jó, rossz, POD, POC, mind a 9, rövidek, fiúk, túlontúl.***

Kinek a hazugságait és milyen hazugságokat használok, hogy megteremtsem önmagam örökös rosszaságát, amit választok? Mindent, ami ez, isten tudja hányszorosan, elpusztítod és nemteremtetté teszed? ***Helyes, helytelen, jó, rossz, POD, POC, mind a 9, rövidek, fiúk, túlontúl.***

Amikor megengedjük a gyerekeknek a saját választásaik szabadságát, akkor teljes megengedésből működünk velük. Emlékszel, hogy a megengedés és az ítélet nem tud egyszerre jelen lenni? Nos, ez kiváló átvezetés a következő ponthoz…

2. ajándék: Nincs ítélet

A platform ahhoz, hogy megadjuk a szabadságot a gyerekeinknek a hibázásra nem más, mint hogy nem ítéljük meg a választásaikat. Mert egész egyszerűen a gyerekeinket a róluk alkotott ítéletünk teszi tönkre, attól érzik úgy, hogy rosszak, vagy amiatt kételkednek magukban. És erre semmi szükség. Többek vagyunk ennél, és vannak másfajta eszközök is a kezünkben. Megvan rá a képességünk és a kapacitásunk, hogy egy másfajta lehetőséget teremtsünk számukra.

Tegyél fel kérdéseket. Kérdezd meg a gyerekeidtől: *„Mi a helyzet veled?”* És még egy dolog, amit nem lehet elégszer hangsúlyozni: teremts időt rájuk, ha igénylik. Teremts időt, ahol teljes megengedésben vagy velük. Ne ítéld meg őket, akármit is hoznak föl.

A szüleid megítéltek téged? Ha igen, ahogy az enyémek is tették, az milyen hatással volt rád? Amikor a szüleink megítélnek minket, akkor gyakran ellenállásba és reakcióba megyünk velük – ami csökkenti a hálát és az örömöt a saját életünkben. Az ítélet megöli a kreativitást és a lehetőséget –a gyerekek pedig nagyon éberek erre, már azelőtt, hogy beszélni kezdenének. Ezt szeretnénk tenni a gyerekeinkkel?

Ez egy rendkívül fontos dolog: Ha fontolóra tudod venni, hogy miként teremts valami nagyszerűbbet mások számára annál, mint amiben neked részed volt – akkor igazi úriember vagy.

Egy úriember azt nézi és látja meg, hogy valójában miként tud egy pillanatot, egy helyzetet, az egész világot nagyszerűbbé tenni mindenki számára, még akkor is, ha az nagyszerűbb, mint amilyen neki volt.

Úriemberekként felismerjük, hogy ha nagyszerűséget hozunk a világba, az lehetővé teszi, hogy ez létezzen a világban, ami cserébe lehetővé teszi számunkra, hogy egy nagyszerűbb világot teremtsünk.

Vedd fontolóra ezt: Hogyan teszed a világot nagyszerűbbé mindenki számára, még akkor is, amikor te sose kaptad meg ennek a lehetőségnek az ajándékát? ***Mi lenne, ha úgy bánnál a gyerekekkel (és a felnőttekkel, és mindenki mással), ahogyan veled kellett volna bánjanak, és nem úgy, ahogy bántak veled?***

3. ajándék: Legyél hajlandó sebezhetőnek lenni

Ugyanúgy, ahogy a gyerekeid téged nézve keresik az útmutatást, úgy te is keresheted tőlük az útmutatást. A legcsodálatosabb, leggazdagabb és legváratlanabb módokon tudsz tanulni a gyerekeidtől.

Ha megengedjük magunknak, hogy ezt elismerjük, akkor el tudjuk ismerni azokat a pillanatokat, ahol vezetőnek kell lennünk, és azokat is, ahol valamit tanulni tudunk tőlük.

Kérlek, figyelj arra, hogy miközben a sebezhetőség lehetővé teszi számunkra, hogy őszinték legyünk a gyerekeinkkel, ez nem felhívás arra, hogy a problémáinkkal terheljük őket. Elmondhatjuk nekik, hogy ilyen-olyan dolgok zajlanak épp az életünkben, amik nem tökéletesek, *és* hogy hajlandóak vagyunk minden tőlünk telhetőt megtenni azért, hogy az ő világukat egy jobb hellyé tegyük.

Úriemberekként nincsenek mindig mindenre válaszaink. Hajlandóak vagyunk hozzájárulást befogadni bárhonnan, akárhol is legyen az a világban, beleértve a gyerekeinket vagy az életünkben jelen lévő fiatalabb embereket is. Felismerjük, hogy ajándék más emberektől tanulni, és hajlandóak vagyunk elég sebezhetőnek lenni, hogy elismerjük ezt és hálásak legyünk érte.

Ha ez a lecke a hatéves gyerekedtől érkezik – akkor tudd, hogy akármit is tanít neked, ő valószínűleg ezt eleve *tőled* tanulta. Ezt is ismerd el, ne az arrogancia teréből, hanem annak a teréből, hogy felismered, micsoda ajándék vagy.

A sebezhetőség arról is szól, hogy tisztában vagy vele, amikor tévedsz, és amikor elszúrtál valamit. Mindenki csinál ilyet. Senki sem tökéletes, és időnként fogunk olyan dolgokat mondani vagy tenni, ami túlzás a gyerekeink jelenlétében. Szeretnélek arra invitálni, hogy ezt elfogadd, és tudd, hogy ez rendben van. *Ha nem kell tökéletesnek lenned, milyen egyéb választásaid vannak?*

Hajlandó vagy tévedni a gyerekeid társaságában? Előfordulhat, hogy nekik van igazuk, és te tévedsz? Próbáld ki ezt a tisztítást: *Mindenhol, ahol nem vagyok hajlandó elszúrni a dolgokat, és mindenhol, ahol nem vagyok hajlandó tévedni, elpusztítom és nemteremtetté teszem? Isten tudja hányszorosan.* ***Helyes, helytelen, jó, rossz, POD, POC, mind a 9, rövidek, fiúk, túlontúl.***

Brendon és Nash

Szeretnék mesélni neked egy nagyon kedves jóbarátomról, Brendonról, és az ő szuper klassz fiáról, Nashről. Amikor ezt írom, Nash 12 éves. Apaként Brendon tényleg megadta a fenti három ajándékot Nashnek. Nashnek szabadságában áll meghozni a saját választásait, és bármilyen választást hoz, sose téved, és sosincs igaza sem. Ő az, aki, és az apja soha nem ítéli meg ezért, vagy a választásaiért.

Amikor Nash Brendonhoz fordul egy bizonyos problémával, Brendonnak van néhány nagyon hasznos kérdése, melyeket használva vezeti a válaszát. Ezek a következők:

Ha ez én lennék, hogyan szeretném, hogy ezt kezeljék?

Ha ez én lennék az ő korában, mit hallottam volna meg?

És mi segített volna nekem ezt megváltoztatni?

Tehát még egyszer, ez mind arról szól, ahogyan mi, úriemberekként, képesek vagyunk valami nagyszerűbbet teremteni másoknak, nagyszerűbbet, mint amit nekünk teremtettek.

Apaként Brendon abból működik, hogy totálisan hajlandó tévedni, és elszúrni dolgokat. Hajlandó sebezhetőnek lenni, és ez a sebezhetőség lehetővé teszi számára, hogy elismerje, amikor hibázik, bocsánatot kérjen, és megkérdezze Nasht, hogy onnan milyen irányba tudnak elindulni. Az ezáltal teremtődött tér és lehetőség igazán fenomenális, és arra invitállak, hogy ezt a megközelítést használd az életedben lévő gyerekekkel és fiatalokkal.

Végső soron Brendon felismeri, hogy Nash iránymutatást remél tőle, hogy megmutassa neki az utat, hogy megmutassa neki, ami lehetséges. És az egyszerű és király igazság az, hogy Nash egy nagyszerű gyerek, mert Brendon, csupán azáltal, hogy ő az, aki, meghívás lett a fiának arra, hogy az legyen, aki ő valójában. A gyereknevelés nem a tanításról szól, *hanem a létezésről.* Ez az az ajándék, ami te vagy.

Nézőpont nélkül beszélj Anyáról

Ha már nem vagytok együtt a gyerekek anyjával, vagy ha még együtt vagytok, de a kapcsolat épp nem a legjobb korszakát éli, legyél éber arra, ahogyan róla beszélsz. Egyszerűen fogalmazva, *amikor Anyáról beszélsz, nézőpont nélkül beszélj Anyáról.*

Amikor egy nehéz helyzet áll elő, inkább kérdéseket tegyél fel ahelyett, hogy ítéleteket osztasz meg róla. Íme néhány példa:

Ez milyen volt neked?
Milyen érzés volt neked, amikor Anya ezt mondta?
Könnyebb volt vagy nehezebb?

Jobban önmagadnak érezted magad, vagy kevésbé önmagadnak érezted magad?
Boldogabbnak érezted magad, vagy kevésbé boldognak érezted magad?

Ismerd fel, hogy a gyerekeid mindent meg fognak tenni, hogy Anyát ellened játsszák ki, illetve téged Anya ellen. Ez nem azt jelenti, hogy rossz gyerekek; egyszerűen ez az, amit a gyerekek megtanulnak. Minden lehetőséget megragadnak, hogy manipuláljanak, akit csak tudnak.

Ha ez bármennyire is ismerősen hangzik, akkor a következőt érdemes futtatnod: *Milyen energia, térűr és tudatosság lehetek, hogy totálisan túlmanipuláljam a gyerekeimet (vagy az összes gyereket) az örökkévalóságon át teljes könnyedséggel? Mindent, ami ezt nem engedi,* ***helyes, helytelen, jó, rossz, POD, POC, mind a 9, rövidek, fiúk, túlontúl.***

Egy új generáció, egy másfajta lehetőség

Kérlek, ismerd fel, hogy egy másfajta lehetőséget teremtettél – vagy hogy meg tudod teremteni –, mint amit gyerekkorodban kaptál. Ezen felül úriemberként a jövő egy másfajta lehetőségét tudod teremteni a fiatal férfiaknak és nőknek a bolygón. Ennyire erőteljes vagy, ennyire képes vagy dolgokra, és ennyire potens vagy.

Amint elkezdjük ezt igazán felfogni, akár csak egy kis részét is átölelni, és felismerni, hogy ez egy lehetősége annak, ahogyan élhetünk, akkor az egész dinamikánkat elkezdjük megváltoztatni azzal, ahogyan magunkkal és másokkal működünk, és elkezdjük megváltoztatni az emberi interakciók teljes dinamikáját ezen a bolygón. *Hogyan lehetne ez még ennél is jobb?*

NYOLCADIK FEJEZET

A SAJÁT UTAD KIJELÖLÉSE

Hát itt vagyunk, uraim – a könyv utolsó fejezeténél – és micsoda utazáson vettünk részt, míg idáig eljutottunk! A bennük lévő úriember befogadása után kiengedtük őt a fényre, majd átöleltük az önmagunkként és a másokkal való létezés mikéntjének megannyi új lehetőségét, és végül felismertük, hogy a lehetőség forrása és ereje vagyunk mindenki számára a bolygón.

És még mindig nem végeztünk! Még mindig van olyan, amit szeretnék megosztani veled, és ez a fejezet különösen izgatottá tesz, mert annyi szabadság és lehetőség van abban, amit itt mindjárt megvitatunk. Ebben a végső fejezetben a fókusz újra ránk kerül, az úriemberként létezésünkben rejlő nagyszerűségre, és hogy miként tudjuk kijelölni a saját utunkat.

Teremtésből működni

Mit jelent neked, úriemberként, a teremtés? A teremtés a szexről szól? A teremtés *csak* a szexről szól? Mi van, ha a teremtés valójában sokkal többről szól, mint a szex?

Sokat beszéltünk eddig arról, ahogy úriemberekként megvan az a képességünk, hogy elengedjük a bármiféle kívülről jövő érvényesítés szükségét, és ahogyan többé nem szükséges a szexuális hódításaink által „bizonyítanunk" magunkat vagy a vélt vonzerőnket.

Ha a múltban a szex alapján definiáltad a teremtőerődet, illetve az alapján, hogy szexeltél azokkal, akik vonzódtak hozzád, akkor lehet, azt veszed majd észre, hogy amikor tényleg elkezded érzékelni és érteni a teremtés energiáját, akkor a szexuális érvényesítés szüksége halványodni kezd. Elképesztő érzés ebben a térben lenni. Ez hogyan hangzik számodra?

Próbáld ki ennek a futtatását: *Mennyire azonosítottad félre és alkalmaztad félre, hogy a teremtés a szexen keresztül történik, és hogy a teremtés csak a szexen keresztül történik? Mindent, amit azért tettél, hogy ezt bevedd, és mindent, ami megteremti a fickót, akinek elvileg lenned kéne, ahelyett, hogy az az úriember lennél, aki valójában lehetnél – aki igazából nem csak egy fickó – hanem valaki, aki rendelkezik a szexualitás összes elérhető aspektusával, és a teremtés összes elérhető aspektusával, elpusztítod és nemteremtetté teszed? Isten tudja hányszorosan.* ***Helyes, helytelen, jó, rossz, POD, POC, mind a 9, rövidek, fiúk, túlontúl.***

Az utazás, amin most részt vettünk, túl vitt minket ítéleten és rosszaságon, oda, ahol meg tudjuk teremteni a saját valóságunkat. Többé nem kell elfogadnunk a ránk erőltetett valóságokat. Egyszerűen, csodálatosan és kiterjeszkedve, mi jelöljük ki a saját utunkat.

Hogyan tarts tiszteletben mindenkit anélkül, hogy elveszítenéd önmagad

Az intimitás öt elemét (tiszteletben tartás, bizalom, megengedés, sebezhetőség és hála) először a Hatodik fejezetben fedeztük fel. Ott ránéztünk, hogy miként tudunk ezekből az elemekből működni, hogy tápláló kapcsolatokat teremtsünk másokkal. Most arra invitállak, hogy merüljünk bele jobban ezeknek az elemeknek a használatába, hogy valódi intimitásod legyen önmagaddal.

Tartsd tiszteletben *önmagad*

Most vállalom annak kockázatát, hogy csak magamat ismétlem, és újra elmondom: úgy tudod tiszteletben tartani magad, hogy olyan választásokat hozol, amik tiszteletben tartanak téged. Válaszd azt, amire igazán vágysz, ne azt, amire elvileg vágynod kéne. Ha ez még mindig bonyolultnak vagy homályosnak tűnik, nézd meg újra ezt az eszközt a Harmadik fejezetben.

Mielőtt hozol egy választást, kérdezd meg magadtól: *„Ez tiszteletben fog tartani engem?"* És ha nem vagy benne biztos, hívd segítségül a „könnyű vagy nehéz" kérdést, hogy irányt mutasson. Egyszerűen fogalmazva, könnyű vagy nehéz érzettel bír ennek a dolognak a megtétele, amit fontolgatsz?

Bízz ***magadban***

Az egyetlen dolog, ami tényleg lehetővé teszi, hogy az élet ragyogóan működjön, és ami lehetővé teszi számodra, hogy oda menj, ahova tudod, hogy menned kell (még akkor is, ha senki sem követ téged) az, hogy kiműveled az önmagadba vetett bizalmat. Amikor bízol magadban, akkor nem keresed többé magadon kívül azt, amire szükséged van, vagy a visszaigazolást, hogy jó választást hozol épp magadért.

Mi van, ha te vagy az egyedüli, aki tudja, mi igaz számodra?

Mi van, ha te vagy az, akiben bízhatsz, hogy megteremtse azt, amire az életben vágysz?

Legyél megengedésben ***magaddal***

Amikor megengedésben vagy, akkor minden, amit választasz, csupán egy érdekes nézőpont. Nincs helyes és helytelen. Nincsenek ítéletek.

Gondolj valamire, amiért valamikor a múltban megítélted magad. Lehet, hogy ez a múlt héten volt, lehet, hogy az elmúlt tíz évben, vagy még régebben a múltban. Lehet, hogy ez egy tevékenység volt, egy konfliktus, valami, amit mondtál vagy tettél. Érezd ennek az energiáját. Most fogd ezt az energiát, és használd az egyik eszközt, amit a Hatodik fejezetben fedeztünk fel: *Érdekes nézőpont. Van egy ilyen nézőpontom*. A Hatodik fejezetben a másokkal való konfliktusos helyzetekre használtuk ezt az eszközt. Mi lenne, ha ezt akkor is használnák, amikor önmagunkkal vagyunk konfliktusban?

Gondolj erre a konfliktusra, és mondd (hangosan, ha lehet): „Érdekes nézőpont. Van egy ilyen nézőpontom." Ha kell, ismételd néhányszor. Úriemberként a fix nézőpontok nem neked valók. Érezd az energia változását. Ezt a megengedést bármivel gyakorolhatod, ami beragaszt téged.

Legyél hajlandó sebezhetőnek lenni *magaddal*

Sebezhetőnek lenni azt jelenti, hogy nincsenek fenn a falaid, akár egy csapatnyi emberrel vagy, akár egy emberrel, akár egyedül. A sebezhetőség teréből működni azt jelenti, hogy nem kell bizonyítanod semmit. Ebben a valóságban a férfiaknak annyira könnyű azt érezniük, hogy bizonyítaniuk kell. Megpróbálják bizonyítani, hogy macsók, hogy nem félnek és minden kerek, hogy szexik, értékesek, vonzóak...

Az úriember ismérve az, hogy semmit sem kell bizonyítania. Amikor megengeded magadnak, hogy sebezhető legyél, akkor megadod magadnak a szabadságot, hogy hibázz. Nem kell tökéletesnek lenned, és az ég világon semmit sem kell bizonyítanod.

Legyél hálás *magadért*

Milyen lenne, ha minden egyes nap hálával lennél magadért? Ha hálás lennél az életért, amit idáig teremtettél; a hajlandóságodért a változásra, és hogy valami mást válassz? És hálás lennél azért, ami egyedülálló módon tesz téged önmagaddá? Ismerd fel önmagad ajándékát, úgy, ahogy vagy.

Ahhoz, hogy igazán elsajátítsd az intimitás öt eleméből való működést, arra invitállak, hogy futtasd ezt: *Milyen energia, térűr és tudatosság lehetek, hogy teljes megengedéssel, tiszteletben tartással, bizalommal, sebezhetőséggel és hálával rendelkezzek önmagamért és a testemért az örökkévalóságon át? Mindent, ami ezt nem engedi, isten tudja hányszorosan, elpusztítod és nemteremtetté teszed?* ***Helyes, helytelen, jó, rossz, POD, POC, mind a 9, rövidek, fiúk, túlontúl.***

Az igazi intimitás önmagaddal az egyik legnagyszerűbb ajándék, amit úriemberként magadnak és a világnak adhatsz. Nagyon sok elképzelést, amit az ezt megelőző fejezetekben megvitattunk, zseniális módon támaszt alá. Amikor megvan benned az intimitás, akkor kiteljesedett úriember vagy. Értékeled magadat, felismered a potenciálodat, látod, hogy micsoda ajándék vagy, és mások is így tesznek.

Választás – mindennek a forrása

Ez az egész folyamat a választással indul. Amikor hajlandó vagy valami mást választani, akkor ajtók sokasága nyílik meg előtted. Ez ennyire egyszerű és ennyire szép.

Emlékszel azokra a mondatokra az előszóból? Oké, nem biztos – az ezer szóval ezelőtt volt, és olyan messzire jutottál azóta!

Fel tudod ismerni, ahogyan csupán azáltal, hogy még mindig itt vagy, és ezeket a szavakat olvasod, a könyv utolsó fejezetében, a létezés egy új módját választottad és ölelted át? El tudod ismerni a hajlandóságodat, hogy valami mást válassz, és a nyitottságodat az összes lehetőségre, amit ez a választás magában foglal? Számomra nem meglepetés, barátom – végtére is, kereső vagy.

Szánjunk rá egy percet, és beszéljük át az eddig megtett utat, hogy valóban elismerjük, milyen messzire jutottunk. A könyv elejétől mostanáig…

Választottad, hogy elengeded…?

A férfi lét dobozait és szerepeit, amelyek visszahúznak
Bármilyen érzetét annak, hogy „rossz" vagy, csupán azért, mert hímnemű vagy
Bármilyen érzetét annak, amilyennek *lenned kéne*, vagy akinek *lenned kéne*
A férfiasság és nőiesség hagyományos elképzeléseit
A *vagy-vagy* fogalmait
Az elkülönülést nőktől, férfiaktól… és magadtól
Az ítéletet – magadról és másokról

Átölelted annak lehetőségét, hogy…?
Tiszteled és értékeled magad
Sebezhető vagy, amikor elszúrod, és beengeded önmagad egy könnyebb, örömtelibb oldalát
Úriemberként *és* szexuálisan létezel
Hálás vagy a többi férfiért az életedben

Felismerted, hogy…?
Úriemberekként teremtők vagyunk; változást tudunk teremteni
Választhatjuk, hogy teremtünk valamit másokért, még akkor is, amikor ez több, mint amit nekünk teremtettek
A nézőpontunk teremti a valóságunkat
És hogy a legfrissebb dolgokat se hagyjuk ki, fel tudod ismerni, hogy:

Úriemberként te jelölöd ki a saját utadat.

Megfigyelő vagy teremtő?

Mennyire veszel részt, mennyire vagy aktív, *mennyire vagy teremtő* az életed megélésében? Nagyon is a vezetőülésben ülsz? A hajó kormányánál állsz? Vagy a hátsó ülésre szállsz be? Csak álldogálsz a kilátást nézve, kiszolgáltatva minden körülötted lévő dolog szeszélyének?

Az úriemberként létezés egyik elképesztő ajándékát akkor kapjuk meg, amikor éberré válunk arra, hogy jogunkban áll nem csak részt venni a saját valóságunkban, hanem teremteni is azt. Úriemberekként, keresőkként, lovakként – nem arra születtünk, hogy hátradőljünk, és hagyjuk, hogy történjen velünk az élet. A változás képviselői vagyunk. Ez kapcsolódik ahhoz az elképzeléshez, amiről már szót ejtettem az Ötödik fejezetben: *A nézőpontod teremti a valóságodat.*

Ez azt jelenti, hogy az összes gondolatod, érzésed, elképzelésed és érzékelésed teremti meg azt a világot, amiben élsz, és az élményeket, amikben részed van. A valóság nem teremti a nézőpontod; a nézőpontod teremti a valóságodat.

Ez mennyire fantasztikus már? Mennyire izgalmas, kiterjedő, nyitott és felszabadító?

Ha mi teremthetjük a saját valóságunkat, akkor tényleg megvan hozzá a kapacitásunk, hogy elképesztő változást indítsunk el, hogy mi legyünk a varázslók, és hogy az új lehetőségek ereje és forrása legyünk a saját életünkben és a körülöttünk lévők életében. Még egyszer meg kell kérdezzem tőled: *Ez mennyire fantasztikus már?*

Kérj és megadatik

Mivel elkezdtél meghozni bizonyos választásokat, mivel megnyíltál az új lehetőségek felé, hajlandó vagy átölelni mindezt?

Az Univerzum a te oldaladon áll. Az Univerzum a legjobbat akarja neked, és egyszerűen arra vár, hogy kérj.

Ha ebből a gondolkodásmódból működsz, akkor valóban el tudod kezdeni átültetni a gyakorlatba *A nézőpontod teremti a valóságod* fogalmát; és elkezded megtapasztalni az önmagadként létezés igazi erejét. Mennyire észveszejtően izgalmas *ekként létezni*?! Íme, így kérheted az Univerzumtól azt, amit szeretnél, hogy megjelenjen az életedben.

Először érzékeld az energiáját az adott dolognak azáltal, hogy beleérzékelsz, milyen lenne rendelkezni vele. Ez lehet egy kapcsolat, egy élmény vagy egy tárgy – vagy mindezek kombinációja, netalántán valami teljesen más; valami, ami szeretnél lenni, amit szeretnél tenni, vagy amivel szeretnél rendelkezni.

Mondd el az Univerzumnak, hogy ez az, amit most épp csinálsz. Mondd: „Azt érzékelem éppen, amilyen érzete lenne számomra, hogy ez vagyok, ezt teszem, vagy ezzel rendelkezem." Majd tedd hozzá: „Univerzum, kérem ezt." Ez az elismerés teljesen egyértelművé fogja tenni közted és az Univerzum között, hogy te épp kéred azt a vágyott dolgot.

Ezután mondd: „Tudatosság, Univerzum – **kérlek, segítsetek**. Nem tudom, hogyan fog ez létrejönni, de hajlandó vagyok bármi lenni és bármit tenni, hogy ez létrejöjjön. Hajlandó vagyok bármit megváltoztatni, hogy ez megvalósuljon."

Ennyi. Kész is vagy. Aztán csak éled az életed. Nem kell aggódnod azon, hogy miként fog majd megtörténni, de amikor valami olyat érzékelsz, ami hasonló az általad odavarázsolt energiához – akkor indulj el abba az irányba.

Higgy nekem, többszáz és többezer emberrel dolgoztam világszerte, és a velük való tapasztalatom alapján bizton állíthatom, hogy ha meghozol egy választást valamivel kapcsolatban, ha kéred az Univerzumtól, akkor meg fogod találni a módját, hogy eljuss oda – még akkor is, amikor kognitívan fogalmad sincs, hogy miként szerezd meg azt a dolgot, kapcsolatot vagy élményt. Amikor meghozod a választást, megjelenik előtted az oda vezető út. Ennyire potens vagy!

Semmit sem veszíthetsz, csak a korlátozásaidat

Ezt személyes tapasztalatból mondom. Semmit sem veszíthetsz, csak a korlátozásaidat. Lehet, ehhez tudsz is kapcsolódni, ha valamilyen szempontból vonakodsz döntéseket hozni, vagy egy bizonyos irányt választani.

Gyakran a legnagyobb dolog, ami miatt az emberek aggódnak, vagy aminek az elvesztésétől félnek, az nem más, mint a helyük ebben a valóságban. Pontosan ezt történt velem.

Jónéhány évvel ezelőtt Olaszországban voltam a barátommal, Gary Douglasszel, és az egyik reggel nagyon szomorúan és lehangoltan ébredtem. Előző este Gary és én tisztításokat futtattunk, amelyek néhány jelentős korlátozást kulcsoltak ki számomra. Mégis, ott voltam másnap, és szörnyen éreztem magam – szomorú és lehangolt voltam. Gary megkérdezte, hogy mi a baj, és csak annyit tudtam mondani, hogy szomorú vagyok. Kértem, hogy segítsen, és ő elkezdett kérdéseket feltenni, hogy megpróbáljuk felfedni azt a valamit, ami bennem zajlott. Minden alkalommal, amikor feltett egy kérdést, azt válaszoltam: „Nem tudom", amíg azt nem mondta:

„Úgy érzed, hogy épp elveszítesz valamit?"

„Igen, pontosan erről van szó!" – mondtam.

„Szóval mit vesztettél el?"

És akkor jött a válasz: „Ó, a korlátozásaimat!"

Nevetni kezdtem. Rájöttem, hogy mindössze egy nagy adag korlátozásomat veszítettem el a világban. Annyira felszabadító pillanat volt, amikor ez a felismerés megérkezett!

Ennek valamelyik része lehetségesnek hangzik számodra? Lehet, hogy félsz elveszíteni azt, ami egyébként visszatart téged? Ha ez olyan, mintha rólad szólna, akkor futtasd ezt: *Mit tettem annyira életbevágóvá, értékessé és valóssá a korlátozások „elveszítésében”, ami benne tart az örökös panaszkodásban, ahelyett, hogy az örömöt és szabadságot választanám, ami valójában vagyok? Mindent, ami ez, isten tudja hányszorosan, elpusztítod és nemteremtetté teszed?* ***Helyes, helytelen, jó, rossz, POD, POC, mind a 9, rövidek, fiúk, túlontúl.***

És aztán futtasd újra. És újra.

Ki lennél a korlátozásaid nélkül?

Úgy hiszem, hogy valóban megvan a kapacitásod, hogy megváltoztasd a jelenleg ismert valóságot. Van benned egy erő, akár felismerted már, akár nem.

Úriemberként minden lehetsz; megerősíted az embereket, jól érzed magad, élvezed a szexet, élvezed a férfi barátaidat, a női barátaidat, és élvezed a teremtést. Egyszerűen működik az életed. Minden vagy, aki vagy. Az vagy, aki hajlandó igent mondani, hajlandó nemet mondani, hajlandó tévedni, elszúrni, látni, hogy mi szükségeltetik a jövőhöz, elismerni, hogy hajlandó vagy-e elmenni odáig vagy sem, és megteremteni azt, aminek megteremtésére erre a világra jöttél.

Az vagy, aki bármilyen szituációt képes kezelni. Ajándék vagy magadnak és mindenkinek az életedben. Egy új lehetőségét mutatod meg annak, ahogyan a világban együtt és egymással létezhetünk. Megmutatod másoknak, hogy az elkülönülés nem szükséges. Megmutatod másoknak, hogy a gyűlöletnek nem kell léteznie, és hogy a szexuálisság létezhet; hogy az öröm létezhet.

Invitálás vagy egy valóságra, ahol rendben van, hogy jól érzed magad, hogy van pénzed, hogy szexuális vagy, hogy sebezhető vagy, hogy elégedett vagy magaddal, hogy büszke vagy magadra, hogy büszke vagy arra, amit teremtesz, és hogy büszke vagy arra, hogy más(fajta) lehetőségeket invitálsz.

Elégedettséggel és büszkeséggel tölt el a különbözőséged. Nem arrogáns módon, egyszerűen csak büszke vagy rá. Büszke vagy a tényre, hogy az a nagyszerűség lehetsz, ami vagy, ami meghívás másoknak, hogy beleálljanak a saját nagyszerűségükbe. A különbözőséged felett érzett ezen büszkeség pedig, az általános hiedelemmel és dogmával ellentétben igazából gyakran egy alázattal teli hálához vezet az ajándékért, ami vagy.

Ha bármiben meglátod a változás lehetőségét valami nagyszerűbbre, akkor azt választod. Fogalmad sincs, hogy a választás, amit ma meghozol, hatással lesz-e másokra, vagy elér-e másokat, ma mégis azt választod, hogy potens, kedves, zseniális, nagylelkű, kíváncsi és sebezhető vagy. És hajlandó vagy arra, hogy ez a választás megváltoztassa az egész jövőnk arculatát.

Amint igazán felismered, hogy a jövőd a kezedben van, kérdezd meg magadtól:

Mit fogok választani?
Mit választhatok, hogy megteremtsem, amit még sosem teremtettek ezelőtt?
Mit választhatok és teremthetek, amit még sosem kértek ezelőtt?
Mi más lehetséges?

Arra invitállak, hogy kapcsolódj be az életbe és élésbe olyan módon, amitől izgatottan ugrasz ki az ágyból minden reggel, teremtésre készen.

Arra invitállak, hogy legyél az az úriember, aki vagy, öleld át és élvezd ki az összes ajándékot, amit azáltal kapsz majd, hogy önmagadként létezel, és az összes ajándékot, amit te adhatsz a világnak azáltal, hogy önmagadként létezel. Mi van, ha te, igazán önmagadként létezve vagy pontosan az az úriember, akire ennek a világnak szüksége van?

Tényleg.

A KEZDET

Hogyan tudom lekerekíteni ezt a folyamatot, ezt az utazást, *ezt az örömteli kalandot*?

Hogyan tudom befejezni a könyvet, ami valójában csak a kezdet? Megpróbálok a legjobb tudásom szerint megfogalmazni néhány nem annyira záró gondolatot. Hadd kezdjem azzal, hogy kimondom: igen, ez a könyv vége – és *az életed hátralévő részének legeleje*.

EZ AZ, AHOL AZ UTAZÁSOD IGAZÁN ELKEZDŐDIK:

Emlékszel arra a pillanatképre, amit a könyv legelején kértem, hogy képzelj el, arra a pillanatra, amikor te, úriemberként, bele tudsz nézni a tükörbe, és igazán kedvelni a fickót, aki visszanéz rád? Ahol igazán hálás vagy magadért és a nagyszerűségért, ami vagy, ítélet nélkül, szégyen nélkül és bocsánatkérés nélkül? Amennyire tetszetősen hangzott ez akkor, annyira érződött önzőnek, távolinak, akár lehetetlennek is, nem?

Mi a helyzet most?

Rá tudnál szánni egy percet, hogy elismerd, milyen messze jutottál onnan, amikor először vetted fontolóra ezt a tükrös pillanatot? Arra invitállak, hogy állj bele annak az energiájába, ahol itt és most vagy – mindenbe, amit elengedtél, átöleltél, felismertél és teremtettél; mindent, amit választottál.

Ismerj el minden helyet, ahol korábban próbáltál beilleszkedni. Most már hajlandó vagy egyedül haladni, mint egy úriember – mint egy vezető, aki az érvényesítést nem másoktól kapja, *hanem saját magától.*

Ismerd el; nem csak a választásokat, amiket hoztál, hogy ide eljuss, hanem a választások lehetőségeit is, *amiket még meg kell hoznod* most, hogy visszatértél az úriemberhez, aki vagy.

A könyv születésétől fogva, és még ebben a pillanatban is, azt remélem leginkább, hogy az itt megosztott beszélgetés elindítja a párbeszédet a férfiként létezés körül ebben a valóságban – annyi férfi számára, amennyit csak megszólítani lehetséges.

Ha a könyv olvasása és a velem való közös utazás megnyitott ajtókat számodra, ha voltak „aha" élményeid, ha érzékelted vagy épp tapasztalod az elképesztő változásokat, amik az igazi úriemberként létezésből adódnak, nagyon örülnék neki, ha megosztanád ezt a könyvet – és beszélgetnél –

az életedben lévő férfiakkal, akik hajlandóak ezt befogadni.

Az élet egy dübörgő, izgalmakkal teli, hajmeresztő utazás; vágj bele! Legyél a változás képviselője!

Élvezd az életed teremtését akként az *úriemberként, aki valójában vagy*, barátom.

A SZERZŐRŐL

Dr. Dain Heer nemzetközi író, változás-teremtő, és az Access Consciousness társ-teremtője, amely az egyik legnagyobb személyiségfejlesztési modalitás a világon. Több, mint húsz éve utazik a világban, tanfolyamokat és workshopokat facilitál, illetve megosztja örömteli életfelfogását és provokatív perspektíváit a tudatosságról és teremtésről.

Bár eredetileg kiropraktőrnek tanult, egészen másfajta hozzáállást fejlesztett ki a gyógyításban - megerősíti és inspirálja az embereket, hogy felismerjék és belépjenek a saját képességeikbe és tudásukba. Heer ugyancsak úttörő a finomenergia, és annak a változásra, az egészségre és a jól-létre gyakorolt hatásainak megértésében, illetve kifejlesztett egy saját kezelést, mely A létezés energetikai szintézise (ESB) néven ismert.

Los Angeles gettóiban nevelkedve fiatal korától folyamatos mentális, fizikális, érzelmi, szexuális és pénzügyi bántalmazásnak volt kitéve. Ennek ellenére sohasem választotta az áldozati szerepet. Ehelyett felfedezte a személyes átalakulás, megengedés, bátorság és reziliencia erejét. Megtanulta az élet kihívásait az erő ajándékává alakítani.

Mindenekfelett felismerte, hogy a személyében rejlő mély törődés mások irányában soha nem halványult. Idővel felismerte, hogy képes megerősíteni az embereket önmaguk meggyógyításában azon választása által, hogy a gyógyulást egy új és erőteljes módon közelíti meg.

Egyedi eszközöket és lépésenkénti energetikai folyamatokat használ, hogy kiemelje az embereket a következtetéseikből és ítéleteikből, amelyek a nincs-választás körébe ragadva tartják őket – hogy aztán elvezesse őket azokhoz a lenyűgöző pillanatokhoz, amelyeknek megvan az ereje ahhoz, hogy bármit megváltoztassanak.

Dr. Dain Heerről a **drdainheer.com** oldalon tudhatsz meg többet.

AZ ACCESS CONSCIOUSNESS ONLINE

AccessConsciousness.com

DrDainHeer.com

GaryMDouglas.com

BeingYouChangingTheWorld.com

ReturnOfTheGentleman.com

TourOfConsciousness.com

YouTube.com/drdainheer

Facebook.com/drdainheer

Facebook.com/accessconsciousness

YouTube.com/accessconsciousness

EGYÉB ACCESS KÖNYVEK DAIN HEERTŐL

Dr. Dain Heer számos könyv szerzője és társszerzője, melyek többsége már számos nyelven elérhető.

Létezz önmagadként, és megváltozik a világ (Being You, Changing The World)

Az úriember visszatérése (The Return of the Gentleman)

A bébi unikornis üzenete (The Baby Unicorn Manifesto)

A bébi sárkány üzenete (The Baby Dragon Manifesto)

A megzavaráson túl (Living Beyond Distraction)

Tíz kulcs a teljes szabadsághoz (The Ten Keys To Total Freedom)

A legeslegnagyszerűbb kaland (The Greatest Adventure)

The Baby Stardust Manifesto

Embodiment

Magic. You are it. Be it.

Right Riches For You

Talk To The Animals
Sex Is Not A Four Letter Word, But Relationship Oftentimes Is
Money Isn't The Problem, You Are
The Home Of Infinite Possibilities
Would You Teach A Fish To Climb A Tree?
A Drop In The Ocean

Ezek mellett még számos könyvet találsz az Access Consciousness online shopjában, amelyek lehetővé teszik számodra, hogy mélyebbre menj a különböző lehetőségekben, olyan területeken, mint a pénz, (pár) kapcsolatok, gyerekek, függőségek, testek, gyász, vezetői képességek és még sok minden más.

Lapozz egy másfajta lehetőségért!
accessconsciousness.com/shop

www.ingramcontent.com/pod-product-compliance
Lightning Source LLC
LaVergne TN
LVHW030216230826
846093LV00010B/482

* 9 7 8 1 6 3 4 9 3 5 3 7 1 *